Blockchain für Anfänger

Die Technologie, die unsere Zukunft für immer verändern wird. Ein Anfängerguide für die revolutionäre Technologie der Zukunft.

Tom Richmund

Inhaltsverzeichnis

Blockchain – Was ist das?

Eine Blockchain ist so vieles und doch ist es das wieder nicht. Blockchain ist ein Netzwerk für Idealisten. Blockchain ist Bitcoin. Blockchain ist ein Protokoll. Das und noch viel mehr findet man, wenn man das Wort „Blockchain" recherchiert. Manches davon ist wahr, manch andere stimmt nicht so ganz. Die Blockchain wird oft erklärt, doch wenig verstanden. Jede Erklärung macht sie dann nur noch komplizierter. Dabei ist es eine seit langer Zeit bekannte Wahrheit: Wenn man etwas erklärt, muss die Erklärung verständlich sein. Noch deutlicher: Wer einen Fakt nicht einfach erklären kann, hat diesen Fakt einfach nicht verstanden.

Die Blockchain erstreckt sich in viele Bereiche und hat große Auswirkungen, die immer mehr um sich greifen. Bevor man aber auch nur ansatzweise an diese Bereiche und ihre Auswirkungen herangehen kann, muss man das ganz simple Prinzip der Blockchain erklären. Damit es auch wirklich allgemein verständlich ist, verzichten wir hier an dieser Stelle einmal auf komplizierte Worte, wie Hash, Smart Contract und Nodes. Wir halten es so einfach, wie es nur irgendwie geht.

Beginnen wir mit dem ersten Schritt zum Verständnis der Blockchain. Die Blockchain ist nicht Bitcoin. Viele Menschen, die schonmal von Bitcoin und Blockchain gehört haben, verbinden diesen Begriff. Das ist an sich genauso richtig wie falsch.

Richtig ist, dass Bitcoin und die Blockchain nicht das Gleiche sind. Bitcoin ist eine digitale Währung, die Blockchain ist ein digitales

Protokoll. Dennoch sind die beiden miteinander verbunden, denn der Bitcoin braucht die Blockchain. Er benutzt sie, so wie die E-Mail das Internet benutzt. Dennoch ist der Bitcoin nicht die Blockchain, ebenso wenig wie die E-Mail das Internet ist. Aus diesem Grund konzentrieren wir uns in diesem Kapitel einfach auf die Blockchain. Den Bitcoin greifen wir später wieder auf.

Die Blockchain ist ein Protokoll im Internet. Man kann es auch, wenn man so will, als ein einfaches Programm ansehen. Dieses Protokoll gestattet es, Werte zu transferieren. Es geht also primär nicht um das Versenden von E-Mails oder einfach den Download des neuesten Songs einer berühmten Band. Es geht um das Versenden von Geld. Die Blockchain wurde geschaffen, um eine digitale Währung von einer Person zur nächsten zu transferieren und auch, um das Geld aufzubewahren.

Wie funktioniert die Blockchain? Dazu muss man ein wenig weiter ausholen. Nehmen wir einfach einmal zwei Personen an. Herr A und Frau B. Herr A möchte Frau B etwas Geld geben. Der Grund dafür ist im Moment nicht wichtig. Zum Glück für Herrn A wohnt Frau B in der Nachbarschaft. Herr A wird also ganz einfach zu Frau B gehen, sein Portemonnaie hervorkramen und ihr das Geld geben. Das ist die einfachste Art des Geldtransfers. Dabei gibt es keine Bankgebühren, keinen Zwischenschritt, sondern ganz einfach nur eine Übergabe der Geldscheine.

Machen wir es etwas komplizierter. Sagen wir, Herr A ist der Mieter einer Wohnung, die Frau B gehört. Nun möchte er seine Miete bezahlen. Frau B wohnt aber in einer anderen Stadt. Kann nun Herr

A immer in die andere Stadt fahren? Vermutlich ist das ein wenig zu aufwendig, daher werden beide einen anderen Weg suchen. Die einfachste Lösung ist ein Banktransfer. Herr A wird einfach seiner Bank mitteilen, die Mietsumme von seinem Konto abzubuchen und auf das Konto von Frau B zu überweisen. Auch das geht schnell. Doch hier hat man bereits einen Mittelsmann, unter Umständen sogar zwei. Der erste Mittelsmann ist die Bank von Herrn A. Das Geld, das in elektronischer Form auf dem Konto von Herrn A gebucht ist, wird nun überwiesen. Hat Frau B ihr Geld in der gleichen Bank, bleibt es bei einem Mittelsmann. Ist ihr Konto aber in einer anderen Bank, dann haben wir schon zwei Mittelsmänner. Soweit ist das aber in Deutschland kein Problem, in anderen Ländern kostet aber so eine Überweisung bereits Geld und kann einige Tage dauern.

Machen wir das Beispiel noch komplizierter. Herr A befindet sich in Deutschland und kauft etwas von Frau B. Diese wohnt in Kolumbien, Südamerika. Eine Überweisung des Geldes dorthin dauert Tage und kostet so einiges an Bankgebühren. Dazu kommt, dass aus dem einem Mittelsmann sehr schnell drei werden. Das sind die Bank von Herrn A, von wo das Geld abgeschickt wird und die Bank von Frau B, die das Geld empfängt. Internationale Überweisungen gehen aber auch noch oft über Mittelsbanken, die zwischen der entsendenden Bank und der empfangenden Bank stehen. Dabei erhebt jede einzelne dieser Banken ihre eigenen Gebühren.

Hier setzt die Idee der Blockchain an. Die Blockchain möchte die Bank als Mittelsmann eliminieren. Wie eine Übergabe der Geldscheine, so soll per Blockchain der Transfer von digitalem Geld vonstattengehen. Dazu müssen aber zwei Probleme überwunden werden.

Das erste Problem ist, das Geld in digitaler Form zu haben. Wer jetzt gleich an Internetbanking denkt, begeht aber gleich einen Fehler. Beim Internetbanking benutzt man nämlich sofort seine Hausbank als Mittelsmann, die schlussendlich das Geld versendet. Das kann nicht die Antwort sein. Leider kann man auch nicht seine Geldscheine einscannen und als E-Mail-Anhang versenden. Das Verschicken per Post ist nicht nur zeitraubend, sondern auch riskant. Daher rät die Post selbst davon immer wieder ab.

Wie also bekommt man sein Geld in die digitale Form? Da nun Banken und Einscannen ausfallen, muss man einfach Geld haben, dass von Anfang an digital vorhanden ist. Die alten Währungen erfüllen dieses Kriterium natürlich nicht, daher musste man von ihnen Abstand nehmen. Eine neue Währung musste her, die dann das digitale Geld, welches man versendet, darstellt. Damit war der Bitcoin geboren, dazu aber später noch mehr.

Das zweite Problem ist die Fälschung. Die kann in sehr, sehr vielen Formen geschehen. Die beiden wichtigsten sind das Fälschen der Währungseinheiten und das Fälschen der Transaktionen.

Jeder, der einen Computer oder ein Smartphone besitzt und damit Dateien versendet, weiß, wie einfach sich diese kopieren lassen. Man muss also verhindern, dass das Geld als Datei einfach nur beliebig oft kopiert wird. Damit wird das Fälschen der Währungseinheiten verhindert.

Eine Transaktion kann man fälschen, indem man einfach das

gleiche Geld mehrfach verschickt. Bargeld, welches man in der Hand hält, kann man nur einmal übergeben. Dann befinden sich die Scheine in der Hand des anderen und damit sind sie für einen selbst weg. Digitales Geld dagegen kann man überweisen und wieder überweisen, solange die Überweisungen nicht als Absendung verbucht werden. Beide Arten der Fälschung, der Währungseinheiten und der Transaktionen werden mit der Blockchain verhindert.

Das Wort Blockchain ist, frei übersetzt, eine Aneinanderreihung von Blöcken. Dies trifft auch tatsächlich auf die Vorgänge zu. Man kann die Blockchain aber auch als öffentlichen Ringordner ansehen. Jeder Block wird dabei von einem Blatt repräsentiert, der in den Ordner eingeheftet wird und die Ringe in der Mitte stehen für die Chain in Blockchain. Jeder Nutzer in der Blockchain wiederum kann den kompletten Ordner einsehen.

Kommen wir zurück zu Herrn A in Deutschland und Frau B in Kolumbien. Erweitern wir das noch um Herrn C und Frau D. Alle, A, B, C und D, wohnen in verschiedenen Ländern. Sie alle sind in einer Blockchain. Jetzt brauchen wir noch eine Währung. Damit nicht alles mit dem Bitcoin verbunden wird, nennen wir die neue Währung einfach New Coin oder abgekürzt: NC.

Als die Blockchain gegründet wurde, war Herr A in Deutschland bereits Mitglied. Er hatte dabei eine Startsumme von 10NC. Diese Information ergibt einen Block. Dieser Block bildet das erste Blatt im Ringordner und sieht so aus:

$$A=10NC$$

Jahre später tritt, als letzte der vier Personen, Frau D der Blockchain bei. Auch sie kann noch immer den gesamten Ringordner einsehen und damit auch das erste Blatt, auf dem steht, dass Herr A am Anfang 10 NC hatte.

Jetzt möchte Herr A einen Betrag an Frau B senden. Sagen wir, dieser Betrag ist 5 NC. Diese Transaktion bringt einen neuen Block in die Blockchain oder ein neues Blatt in den Ringordner. Dieses Blatt sieht dann so aus:

A sendet B 5NC

Für den Ordner ergibt das nun zwei Seiten:

A=10NC

A sendet B 5NC

Wiederum kann Frau D dies auch noch Jahre später sehen, wenn sie der Blockchain beitritt. Damit kann sie alle Transaktionen vom Anbeginn der Blockhain an nachverfolgen.

Frau B hat nun 5 NC von A bekommen und möchte davon 3 NC an Herrn C senden. Wiederum füllt diese Transaktion einen Block in der Blockchain beziehungsweise ein Blatt im Ringordner, der dann so aussieht:

A=10NC

A sendet B 5NC

B sendet C 3NC

Nun ist Herr C sehr nett und sendet Frau D, als Neunankömmling in der Blockchain, 1 NC als Willkommensgeschenk. Damit sieht die Blockchain beziehungsweise der Ringordner dann so aus:

A=10NC

A sendet B 5NC

B sendet C 3NC

C sendet D 1NC

Jeder kann die gesamte Blockchain, den gesamten Ringordner, einsehen. Jeder weiß also, wer wie viel Geld hat und wer zu wem wie viel Geld transferiert hat. Damit aber nicht genug. Jeder in der Blockchain hat eine Stimme. Alle Teilnehmer stimmen ab, ob die Transaktion auch richtig ist. Das ist wichtig, denn das verhindert die Fälschungen. Dieser Vorgang läuft automatisch und im Hintergrund ab. Man muss also nicht die ganze Zeit vor seinem Computer sitzen und Millionen von Transaktionen zustimmen.

Was würde geschehen, wenn Herr A jetzt versuchte, 10 NC an Frau D zu transferieren? Erinnern wir uns an die Blockchain:

A=10NC

A sendet B 5NC

B sendet C 3NC

C sendet D 1NC

Danach hat A nämlich bereits 5 NC an Frau B transferiert. Damit hat A von seinen ursprünglichen 10 NC nur noch 5 NC über. Er hat also nicht genug Geld, um die 10 NC an Frau D zu überweisen. Jeder kann sehen, dass Herr A nicht über das nötige Geld verfügt. Damit würden die Teilnehmer in der Blockchain, beziehungsweise deren Computer, automatisch diese Transaktion als ungültig ablehnen. Dadurch wird eine solche Transaktion nicht Bestandteil der Blockchain beziehungsweise des Ringordners. Da sie es nicht in die Blockchain schafft, wird sie auch nicht ausgeführt. Eine Fälschung, in diesem Fall eine gefälschte Transaktion, wäre damit vereitelt.

Die Blockchain selbst befindet sich aber nicht auf einem zentralen Rechner. Die Blockchain funktioniert dezentral. Jeder der Teilnehmer hat eine Kopie davon auf seinem Computer gespeichert. Somit kann auch wirklich jeder alle Transaktionen nachvollziehen und jeder kann feststellen, ob eine Transaktion richtig ist oder nicht. Daraus ergibt sich aber ein neues Problem.

Nicht jeder Computer ist permanent online. Trotzdem muss sichergestellt werden, dass das Netzwerk zu jeder Zeit eine Transaktion genehmigen kann und dass die Blockchain auf dem neuesten Stand gehalten wird. Hier kommen die Miner ins Spiel.

Gehen wir zurück zu unserem Beispiel mit den Personen A, B, C und D. Sagen wir, B möchte eine Transaktion durchführen und Geld an D transferieren. Dazu erstellt B einen Eintrag für die Blockchain, die diese Transaktion enthält. Dieser Eintrag ist aber noch nicht in der Blockchain. Stattdessen sendet B diese gewünschte Transaktion an alle Teilnehmer der Blockchain.

Die Blockchain verfügt über eine spezielle Gruppe an Nutzern, den sogenannten Minern. Diese Miner sind auf der Suche nach solchen Transaktionen, die noch nicht Bestandteil der Blockchain sind. Dabei wetteifern sie miteinander, wer am schnellsten die Transaktion verifizieren kann. Dazu wird die bestehende Blockchain mit einer

Reihe von Rechenoperationen geprüft. Am Ende kommt als Ergebnis, ob B über das nötige Geld verfügt, wirklich in der Blockchain ist und ob auch Frau D Teil der Blockchain ist und das Geld annimmt. Wurde das alles nachgeprüft, wird der erste Miner, dessen Rechner diese Verifizierung erfolgreich durchgeführt hat, belohnt. Er bekommt einen Betrag in digitalem Geld gutgeschrieben als Entschädigung für seinen Rechenaufwand. Ist die Transaktion verifiziert, dann ist sie entsprechend genehmigt und wird als neuer Block an die Blockchain angehängt. Dies wiederum wird dem gesamten Netzwerk mitgeteilt, dass nun auf jedem Rechner diesen Block an die bisherige Chain anhängt.

Zusammengefasst kann man also sagen, dass die Blockchain ein Netzwerk zum Transferieren von digitalem Geld ist. Dabei kann jeder Teilnehmer an diesem Netzwerk alle Transaktionen nachverfolgen. Anstelle von zentralen Instituten, wie zum Beispiel den Banken, kann jeder an jeden direkt Geld versenden und jeder kann überprüfen, ob diese Transaktion richtig ist. Dabei wird die Blockchain von den Minern gepflegt und auf dem neuesten Stand gehalten.

Was macht eine Blockchain aus?

Eine Blockchain wird von ganz verschiedenen Dingen wesentlich geprägt. Das reicht von den realen, alltäglichen Fakten bis hin zu den Wünschen und Idealen. Dabei muss man aber noch einmal festhalten, dass Bitcoin und Blockchain nicht dasselbe sind. Bitcoin nutzt die Blockchain und es gibt mittlerweile mehr als nur eine Variante der Blockchain.

Starten wir mit den realen Fakten. Eine der wichtigsten Eigenschaften der Blockchain ist ihre dezentrale Natur. Wie beschrieben, sind alle Nutzer der Blockchain an ihr auch wesentlich beteiligt. Alle Nutzer entscheiden, ob eine Transaktion auch wirklich als Block in die Kette, also die Chain, gehört. Jeder kann ein Miner werden und nach neuen Transaktionen suchen und diese verifizieren.

Die Dezentralität sorgt für einige Auswirkungen. Als Erstes verschwinden die Transaktionskosten oder sie werden zumindest erheblich minimiert. Man hat eben kein Bankinstitut mehr dazwischengeschaltet, welches eine riesige Infrastruktur unterhalten muss. Die Mitglieder liefern selbst die Infrastruktur und werden aus dieser Struktur heraus auch finanziell entlohnt. Damit entfallen die Bankengebühren, wenn auch mitunter minimale Gebühren in einigen Blockchains anfallen können.

Weiterhin sorgt die Dezentralität für eine Beschleunigung der Transaktionen. Die Banken haben nur eine begrenzte Anzahl an Rechenkapazität und Personal und müssen sich an bestimmte Vorschriften und Gesetze halten. Die Blockchains dagegen schaffen sich ihre Rechenkapazität selbst und unterliegen keinen komplizierten Vorschriften. Dazu kommt das Prinzip, dass nur der Schnellste gewinnt. Daher versuchen die Miner, die ja für die Genehmigung der Transaktionen zuständig sind, diese eben besonders schnell zu verifizieren. Nur so bekommen sie ihre Belohnung. Was also mit den Banken Tage dauert, nimmt in den Blockchains nur Sekunden, Minuten oder höchstens Stunden in Anspruch.

Darüber hinaus erlaubt die Blockchain das Versenden von Werten direkt. Das Internet war eine Revolution. Damit war es möglich, schnell und direkt Informationen zwischen den Nutzern zu versenden. Dies erstreckte sich aber eben nicht auf die Werte. Daher brauchte man für Ebay, Amazon und Co noch immer eine Bank oder PayPal und musste entsprechende Transaktionen vornehmen. Dies entfällt nun. Die Versendung von Werten, von Geld, ist nun gleich der Übergabe von Bargeld direkt und schnell möglich.

Die Blockchain ist unveränderlich. Damit wird eine fast unüberwindbare Sicherheit gegenüber Fälschungen geschaffen. Bei Bargeld ist es mitunter schwer, Falschgeld von echtem Geld zu unterscheiden. Geldüberweisungen per Bank können storniert und das Geld zurückgeholt werden. In einer Blockchain ist das jedoch nicht möglich. Was immer geschehen ist, kann von allen und jedem jederzeit kontrolliert werden, auch wenn die fragliche Transaktion Jahre zurückliegt. Damit kann niemand einen Geldbetrag übersenden, welcher nicht wirklich von seinem Guthaben gedeckt ist. Damit kann niemand gefälschtes Geld in Umlauf bringen.

In einer Blockchain herrscht das Konsensprinzip. Nur wenn die Mitglieder übereinstimmen, dass eine Transaktion richtig ist, wird diese auch wirklich Bestandteil der Blockchain. Gleichzeitig verhindert dies, dass jemand die Regeln des Marktes oder Finanzbestimmungen ändert und dabei eine Machtposition erlangt oder ausnutzt. Hierarchische Prinzipien, die gerade in der Vergangenheit zu Krisen geführt haben, werden damit umgangen.

Eine Blockchain vermittelt Transparenz. Da alle Transaktionen einsehbar sind, ist es möglich, festzustellen, wer über wie viel Geld verfügt. Damit werden Betrugsfälle von vornherein vermieden. Niemand kann seinem Gegenüber weismachen, er sei reich. Gleichzeitig werden so auch Fälschungen verhindert.

Eine Blockchain erlaubt aber auch die Anonymität. Das liegt daran, dass man sich in einer Blockchain nicht identifizieren muss. In einer Bank muss man immer erst seine Identität nachweisen, bevor man ein Konto eröffnen kann. Wird Geld transferiert, erfolgt dies immer mit den Informationen über die eigene Identität. In einer Blockchain herrscht zwar Transparenz darüber, wer wie viel hat, doch dieses „wer" kann auch einfach nur ein Pseudonym sein. Die wahre Identität lässt sich damit auch weiterhin verbergen.

Kennt man diese Eigenschaften der Blockchains, dann leuchten auch die Ideale, die damit verbunden sind, ein. Dies beginnt ebenfalls mit der Dezentralität. Diese zeichnet nämlich die Blockchain aus, nicht aber das Internet. Dabei war doch der Urgedanke des Internets der freie Zugang zu allen Informationen für absolut jeden. Was ist aber daraus geworden?

Eines muss man gleich hier mal deutlich sagen: Die fehlende Dezentralität des Internets ist nicht unbedingt schlecht. Was ist damit gemeint? Nun, wer eine Webseite will, braucht dazu Rechenleistung und vor allem Speicherplatz. Wenn man sich also mit seinem Unternehmen selbstständig machen möchte und dieses als Webseite online bewirbt, dann braucht man damit einen Servercomputer, der ständig online sein muss. Richtig? Glücklicherweise nicht, denn nicht jedes kleine Unternehmen hat die IT-Infrastruktur, sprich die Rechner, die man ständig online lassen kann und auf denen man seine Webseite einrichtet. Stattdessen kann man sich ein wenig Webspace bei einem Provider anmieten. Das ist billig, geht schnell und man erspart sich eine Menge Probleme. Mit diesem Webspace sind nämlich eine Menge Vorteile verbunden.

Als Erstes bekommt man den gemieteten Webspace mit der Infrastruktur für wenig Geld, welches gleich noch die Wartung miteinschließt. Man spart sich also nicht nur den Ankauf der Rechner, sondern auch noch deren kostspieligen Unterhalt, was auch teures Fachpersonal miteinschließt.

Zweitens bekommt man zu diesem Webspace gleich noch ein Softwarepaket, mit dem man seine Webseite erstellen kann. Man fängt also nicht bei Null an, sondern kann gleich richtig loslegen. Dazu kommen Sicherheitsprogramme, Backups und mehr. Kurz, all das, was einem an einer Webseite Kopfschmerzen verursacht, wird einem hier abgenommen. Warum sollte man da noch die Dezentralität mögen?

Die Antwort auf diese Frage stützt sich auf gleich zwei gute Gründe. Das erste ist, dass man nicht Herr über seine Daten ist. Bei welchem Provider auch immer man sich für seine Webseite anmeldet, man gibt ihm eine Menge Informationen über sich und sein Unternehmen. Dazu kommen Kontoinformationen für das Bezahlen des gemieteten Webspace. Kann man aber wirklich sicher sein, dass diese Daten nicht gestohlen oder missbraucht werden? Dabei kommt es noch nicht einmal so sehr darauf an, ob der Provider ehrlich ist. Die meisten werden es bestimmt sein, denn sonst verlören sie alle ihre Kunden. Es ist mehr die Sicherheit dieser Provider, die den Knackpunkt darstellen. Sie befinden sich mit ihren Servern permanent online und sind damit permanent Hackerangriffen ausgeliefert. Was passiert, wenn ein Hacker einmal erfolgreich zuschlägt? Das hat es in der Vergangenheit schließlich bereits gegeben.

Kurz, wer einen Provider nutzt, gibt diesem gegenüber auch seine eigenen Informationen preis. Der Mensch wird zu einem gläsernen Menschen. Selbst ohne Missbrauch und ohne Hackerangriffe werden solche Daten dann noch immer gern zu Marktforschungszwecken benutzt.

Das Zweite ist, dass man bei einem Provider nicht der Hausherr ist. Jeder Provider hat Regeln. Diese ggelten für alle, die sein Angebot nutzen. Das beschränkt sich aber nicht nur auf die Anmietung von Webspace. Auch wenn man seine App auf einem App-Store oder seine Waren auf Ebay verkaufen möchte, man ist nicht der Besitzer des Angebotes oder Shops. Das bedeutet, dass diese Plattformen jederzeit den Vertrag aufkündigen können, wenn man gegen ihre Regeln verstößt. Dabei ist es aber nicht immer unbedingt klar, was ein Regelverstoß ist und es ist auch nicht immer eine Sache der Gerichte, dies nachzuprüfen. Deutlich gesagt, man kann schnell rausgeworfen werden, ohne dass man wirklich etwas Böses getan hat.

Die Blockchain, beziehungsweise deren Erfinder, möchten dieses System umdrehen. Die Blockchain sorgt selbst für die nötige Rechenleistung. Damit kann sich jeder direkt in sie einfinden, wie er möchte. Dies schließt Webseiten und App-Stores mit ein. Dabei existiert das System als Open-Source-Software. Jeder kann die Software überprüfen und herausfinden, wie sie funktioniert. Da man dabei selbst jedoch anonym bleibt, wandelt sich die Situation. Anstatt des gläsernen Menschen als Nutzer von Internetangeboten erhält man eine gläserne Software, die jeder nach seinen Wünschen benutzen kann. Dies ist vor allem ein Anliegen des Ethereum, eines Konkurrenten zum Bitcoin. Damit würde sich das Internet innerhalb dieser Blockchain zu einem Marktplatz entwickeln, auf welchem jeder jederzeit als Käufer, Verkäufer oder auch kostenloser Anbieter von Informationen, Diensten oder Produkten auftreten kann.

Der direkte Versand von Werten war ein weiteres, sehr wichtiges Anliegen, welches schon mit dem Bitcoin begann. Finanzinstitute haben sich in der Vergangenheit bei Überweisungen oftmals als allzu langsam und dabei gleichzeitig noch als allzu teuer erwiesen. Das gilt vor allem bei Transaktionen außerhalb Europas. Dazu kommen noch die fragwürdigen Geschäfte, die zur Finanzkrise geführt haben. Das alles hat ein allgemeines Misstrauen gegenüber den Banken herausgebracht. Dieser Hintergrund kommt vor allem beim Bitcoin zum Tragen. Hier geht es um die Beschleunigung der Transaktionen, die Verringerung der Kosten und das Nehmen der Transaktionen aus den Händen der Banken.

Neben diesen, eher allen Blockchains gemeinsamen, Zielen und Idealen, gibt es natürlich noch weitere, die den einzelnen Blockchains zu eigen sind. Darunter fallen besondere Anliegen, wie eine verstärkte Anonymität. Andere Blockchains wollen die Wissenschaft unterstützen. Wieder andere zielen auf die Vereinfachung des internationalen Handels.

Wo aber kommt die Blockchain überhaupt her? Diese Frage ist erstaunlicherweise nicht ganz so einfach zu beantworten, wie man sich das so denkt. Die erste Blockchain kam mit der ersten Internetwährung, dem Bitcoin. Der Name des Bitcoin-Machers ist bekannt: Satoshi Nakamoto. Dummerweise ist dies ein Pseudonym. Niemand weiß, ob sich dahinter eine wirkliche Person, ein Netzwerk oder was sonst noch verbirgt. Daher kann man zwar viel über den Bitcoin und mit ihm die Blockchains herausfinden, doch seine Entstehung bleibt nebulös.

Kryptowährungen

Kryptowährungen sind unweigerlich mit den Blockchains verbunden. Sie werden generiert, um den Minern, also denjenigen, die ihre Computerleistung der jeweiligen Blockchain zur Verfügung stellen, dafür zu entlohnen. Der Miner nimmt dabei erhebliche Investitionen vor, um den Betrieb der Blockchain erst zu ermöglichen. Dazu gehört das Anschaffen der Computer. Diese müssen oft genug mit speziellen Chips bestückt werden, damit sie auch wirklich die nötige Rechenkraft entwickeln. Dann braucht man auch den entsprechenden Strom. Anders als am heimischen PC sind die Rechner in einem Miningzentrum ständig in Betrieb. Damit verbrauchen sie eine Unmenge Strom und heizen die Anlage gehörig auf. Damit die Rechner aber nicht ausfallen, müssen diese gekühlt werden. Das treibt die Energiekosten noch einmal in die Höhe. Und zu all dem kommen noch die Wartungskosten, Kosten für die Software und das Fachpersonal. Kurz, der Betrieb der Blockchains ist teuer und die Miner werden mit den Coins der Kryptowährungen entschädigt.

Eine Kryptowährung wurde hier schon angesprochen: der Bitcoin. Dazu gibt es aber noch eine Menge anderer Coins. Alle diese Währungen kommen mit ihren Eigenarten und Idealen. Daher lohnt es sich, einen Blick auf sie zu werfen.

Der Bitcoin

Der Bitcoin ist die absolute Nummer eins. Niemand kann dem Bitcoin diese Position absprechen. Das liegt nicht nur an seiner marktbeherrschenden Stellung. Der Bitcoin ist momentan die Kryptowährung mit dem größten Anteil am Markt. Das liegt auch nicht am Preis. Auch hier liegt der Bitcoin mit weitem Abstand vorn. Das liegt noch nicht einmal an der Einteilung der Kryptowährungen. Diese hat nämlich nur zwei Kategorien: der Bitcoin und die Alt-Coins. Alt-Coins steht dabei nicht für alt, sondern für alternativ. Diese Alternativen-Coins sind die anderen Währungen. Das macht die Einteilung sehr einfach: der Bitcoin und die Anderen. Aber auch das ist es nicht, worauf es ankommt. Was die Stellung des Bitcoins so absolut und unumkehrbar auf den Platz 1 bringt, ist die simple Tatsache, dass es vor dem Bitcoin noch keine Kryptowährungen gab.

Der Bitcoin ist dabei der Inbegriff der Blockchains und der Kryptowährungen. Als Erstes ist er dezentral. Es gibt keine Finanzaufsicht und keine Banken, geschweige denn eine Zentralbank. Der Bitcoin wird von der Blockchain geschaffen und von den Nutzern kontrolliert.

Dabei ist der Bitcoin aber ein echtes Zahlungsmittel. Das geschieht auf mehreren Wegen. Als Erstes kann man den Bitcoin ganz einfach umtauschen. Bei Kursen von mehr als 2300 € pro Bitcoin kann man damit ganz schönen Profit machen, besonders dann, wenn man ihn 2009 gekauft hat. Damals kosteten nämlich 5000 Bitcoins gerademal 27 €.

Weiterhin kann man den Bitcoin als solchen als Zahlungsmittel transferieren. Der Transfer kann dabei einfach von Person zu Person erfolgen. Wenn man jetzt aber mit einem solchen Transfer nichts anfangen kann, was mehr als verständlich ist, dann kann man ihn auch zum Kauf benutzen. Es gibt bereits Online-Geschäfte, die den Bitcoin akzeptieren. Dazu kommen Casinos und auch Börsen.

Das Gute dabei ist, dass der Transfer der Bitcoins fast kostenlos erfolgt. Da die Banken als Zwischenmänner ausgeschaltet sind und sich die Blockchain selbst erhält, entfallen die üblichen Gebühren.

Der Transfer der Bitcoins steht jedem Teilnehmer an der Blockchain frei. Es kommt aber noch besser. Wenn man will, kann man einfach über das Mining neue Bitcoins erschaffen. Das ist jedoch nicht grenzenlos möglich und wird im Kapitel Mining genauer erläutert.

Natürlich ist der Bitcoin auch transparent. Jeder Teilnehmer kann die gesamte Blockchain einsehen und somit alle Transaktionen zurückverfolgen. Es gibt kein Verstecken und Entrinnen. Das Netzwerk dazu wird von den Minern erhalten und gepflegt. Wenn einmal der eigene Rechner ausfällt, ist das absolut kein Problem. Man kann immer wieder die Blockchain updaten, wann immer man online geht.

Bitcoin ist auch anonym. Während die Transparenz dafür sorgt, dass jeder Teilnehmer alle Transaktionen zurückverfolgen kann, werden diese aber nur unter einem Pseudonym vorgenommen. Man weiß also auch dann nicht, wer genau sich hinter dem Namen verbirgt.

Für die Teilnahme am Bitcoin braucht man auch keine bürokratischen Hürden zu überwinden. Man muss kein Konto eröffnen und sich langwierig identifizieren. Alles was man braucht, ist eine Wallet. Diese kann man herunterladen oder auch kaufen. Wer es ganz sicher will, kann sie sogar in Papierform ausdrucken.

Der Bitcoin basiert auf einer kostenlosen Open-Source-Software. Man kann also jederzeit überprüfen, was sich dahinter verbirgt. Wem dazu jedoch die IT-Fähigkeiten fehlen, muss jetzt nicht besorgt sein. Man kann diese Software checken, man muss es aber nicht. Dafür aber kann man sicher sein, dass sie schon von dutzenden oder hunderten Programmierern durchleuchtet wurde. Falls sich etwas Böses darin verbergen würde, dann hätte man es schon längst gefunden.

Der Bitcoin ist auch nicht unbegrenzt. Dafür sorgen zwei Dinge. Erstens hat dieses Protokoll eine Höchstnummer von 21 Millionen Coins. Darüber hinaus kann man keine Coins generieren. Zweitens werden die Rechenoperationen mit steigender Anzahl der Coins immer komplizierter und langwieriger. So wird sichergestellt, dass die 21 Millionen Coins nicht zu schnell erreicht werden.

Der Ethereum

Was folgt auf die Nummer eins? Genau, die Nummer zwei. Der zweitgrößte Krypto-Coin, gemessen an seinem Marktanteil, ist der Ethereum. Der Ethereum folgt zwar im Wesentlichen dem Bitcoin, möchte sich aber auch von ihm abheben. In mancherlei Hinsicht kann man den Ethereum auch als das Gegenteil des Bitcoins verstehen. Das kommt vor allem aus dem ideologischen Ansatz hinter dem Coin.

Der Bitcoin wurde mit seiner Blockchain als digitale Währung geschaffen. Der Bitcoin ist die Währung und diese stützt sich auf die Blockchain. Es ging um die Beendigung der Abhängigkeit von den Banken. In anderen Worten, es geht um Geld und die Blockchain ist für dieses Geld da.

Der Ethereum dagegen sieht sich selbst nicht einmal unbedingt als Geld. Er ist mehr der Treibstoff der Blockchain und es geht eben primär um diese Blockchain. Es wurde also nicht das Netzwerk für den Coin, sondern der Coin für das Netzwerk geschaffen. Dabei schwingt auch die Hoffnung und der Gedanke mit, dass diese Blockchain das bisherige Internet einmal völlig ersetzt.

Für die Macher des Ethereum ist das heutige Internet die Ursünde am Internet. Anstatt allgemein Informationen für alle zugänglich zu machen, befinden diese sich konzentriert in den Händen weniger Internetdienstleister. Der Mensch wurde zu einem gläsernen Menschen und wichtige Vorgänge bleiben den Nutzern verborgen. Der Ethereum möchte dies umdrehen. Der Mensch soll seine Anonymität zurückgewinnen, dafür aber sollen die Programme und die Marktvorgänge gläsern werden. Das beendet die Datenhoheit der großen Dienstleister und es beendet die Abhängigkeit der bisherigen Internetnutzer. Anstatt seine Waren oder Dienstleistungen auf wenigen Plattformen in Abhängigkeit von diesen und gegen Bezahlung anzubieten, kann jeder sein eigener Laden sein und direkt Verträge aushandeln und bezahlt werden.

Letzteres wird noch durch die Smart Contracts erweitert. Damit sollen Verträge online zwischen den Nutzern geschlossen und über Ethereum-Coins bezahlt werden. Damit steht die Blockchain seinen Nutzern für weit mehr als nur für den Coin selbst zur Verfügung. Natürlich sorgt sie aber auch weiterhin dafür, dass die Coins nicht gefälscht oder doppelt ausgegeben werden können.

<u>Der Ripple</u>

Nach der Nummer zwei folgt bekanntlich die Nummer drei. Der drittgrößte Krypto-Coin, gemessen an seinem Marktanteil, ist der Ripple. Der Ripple folgt dem Bitcoin und dem Ethereum ein wenig, doch er unterscheidet sich auch sehr stark von ihnen und bildet damit eine echte Ausnahme unter den Kryptowährungen.

So wie der Bitcoin, so verwendet der Ripple auch eine Blockchain. So wie der Ethereum, so benutzt der Ripple auch Smart Contracts. Damit hören die Gemeinsamkeiten aber auf.

Der Ripple hat eine ganz andere Stoßrichtung als die anderen Coins. Es geht nicht einfach darum, die Banken als Mittelsmann auszuschalten. Es geht auch nicht unbedingt darum, eine Währung für jedermann zu schaffen, auch wenn jedermann sie benutzen kann. Es geht auch nicht um die Neugründung des Internets. Der Ripple wurde ganz gezielt für den internationalen Markt und den Ex- beziehungsweise Import geschaffen. Ein Haupthindernis dabei sind die unterschiedlichen Wechselkurse der Währungen und die Dauer der Überweisungen. Der Ripple will hier Abhilfe schaffen, indem es als Zwischenwährung funktioniert. Damit können die Händler mit einer Sprache, sprich: einer Währung, verhandeln. Gleichzeitig wird Wert daraufgelegt, dass die Transaktionen in Minuten oder besser in Sekunden ablaufen.

Dazu kommt aber noch ein weiterer Unterschied. Sehr oft sind internationale Geschäfte Schuldengeschäfte. Man einigt sich auf einen Preis und liefert die Waren. Der Lieferant wird jedoch erst bezahlt, wenn der andere die Waren abgesetzt und damit Einkünfte erzielt hat. Der Ripple erlaubt es daher, Schulden zu machen. Bitcoin und Ethereum können nur dann transferiert werden, wenn derjenige, der sie abschicken möchte, auch wirklich über die Coins verfügt. Beim Ripple dagegen ist das nicht nötig. Man kann jetzt damit bezahlen, doch die Coins erst später transferieren.

Damit sind die Unterschiede aber noch nicht zu Ende. Der Bitcoin und der Ethereum entlohnen seine Miner mit Coins der jeweiligen Währungen. In anderen Worten, man kann die Coins minen und somit erschaffen. Beim Ripple ist das nicht möglich. Die Macher dieses Coins haben eine begrenzte Menge an Ripple-Coins geschaffen und stellen einen Teil davon dem Markt zur Verfügung. Den Rest führen sie je nach Bedarf und Entwicklung des Preises dem Markt zu. Sie behalten dabei die komplette Kontrolle über diesen Coin. Das schränkt natürlich das Prinzip der Dezentralität gehörig ein.

Dash

Dash ist eine weitere Kryptowährung, der es gelungen ist, sich am Markt fest zu etablieren. Sie versucht dabei nicht, sich wie der Ripple stark von der Konkurrenz zu unterscheiden. Vielmehr lehnt sie sich an die Prinzipien an, die mit dem Bitcoin und dem Ethereum entstanden sind. Sie versucht jedoch nicht, diese zu imitieren. Stattdessen haben die Macher des Dash einige Detailverbesserungen, zumindest in ihren Augen, vorgenommen. Diese Verbesserungen könnten aber auch als Rückschritt angesehen werden.

Erinnern wir uns. Sowohl Bitcoin als auch Ethereum legen Wert auf Dezentralität. Im Ethereum wird dieses Prinzip noch verstärkt, denn dort soll der gläserne Mensch durch das gläserne Programm ersetzt werden. Anstatt also als Nutzer alles von sich preiszu-geben, soll das Programm selbst seine Geheimnisse lüften.

Während der Dash diesem Prinzip treu bleiben möchte, weicht es doch auch ein wenig davon ab. Hintergrund sind die wesentlichen Eigenschaften des Bargeldes, die da sind: eine sofortige Übergabe und eine absolute Anonymität.

Nach Ansicht der Dash-Macher sind diese beiden Eigenschaf-ten nicht gut genug im Bitcoin umgesetzt. Da der Bitcoin als Block-chain wächst und wächst, wird auch die Zeit, die für eine Transaktion benötigt wird, immer länger. Kurz, es fehlt an dem Sofort bei der Übergabe. Damit nicht genug. Während die Anonymität zwar beim Bitcoin dank Pseudonymen gewahrt bleibt, weiß doch jeder Teilneh-mer an dieser Blockchain, welches Pseudonym über welche Finanz-mittel verfügt.

Der Dash soll nun diese beiden Fehler korrigieren. Die Trans-aktionen sollen beschleunigt und die Anonymität verstärkt werden. Um dies zu erreichen, verfügt die Dash-Blockchain über sogenann-te Master-Computer. Da diese Computer aber eine gewisse Zentrali-tät mit sich bringen, setzen hier die Kritiker an. Diese beklagen den Rückschritt zu alten Gewohnheiten.

Von der Kritik einmal abgesehen, bringen die Mastercomputer einige Vorteile. Das erste ist, dass sie die Transaktionen beschleuni-gen. Beim Bitcoin und Ethereum jagen viele Miner nach den Transak-tionen. Sie sind dabei wie Fischer, die nach kleinen Fischen in einem großen See jagen. Der große See repräsentiert die Blockchain und die kleinen Fische die Transaktionen.

Beim Dash wird aus dem besagten großen See ein kleiner See. Die Transaktion wird nicht einfach als Mitteilung in die gesamte Blockchain gesendet, in der Hoffnung, dass ein Miner sie auffischt. Stattdessen geht sie direkt an die Mastercomputer. Diese können sie dann schneller abarbeiten und genehmigen. Was dann beim Bitcoin Minuten bis Stunden dauert, braucht nur Sekunden beim Dash.

Gleichzeitig nehmen diese Mastercomputer die Transaktionen aus der Hand der anderen Nutzer. Damit können nur die Mastercomputer die gesamte Blockchain einsehen und überprüfen, welches Pseudonym über welche Finanzmittel verfügt.

Primecoin

Der Primecoin ist eine etwas neuere und damit auch noch kleinere Währung, doch sie hat sich durchaus bereits fest etabliert. Die Blockchain des Primecoin folgt im Grundprinzip der Blockchain des Bitcoin, doch es gibt einen wesentlichen Unterschied.

Ähnlich dem Ethereum, so folgt auch der Primecoin einem moralischen Ansatz. Es geht aber nicht um den gläsernen Menschen oder das gläserne Programm. Es geht mehr um einen knallharten Fakt.

Der Bitcoin als Blockchain wächst. Dabei wird die Blockchain nicht nur größer, sondern die Berechnungen für das Protokoll werden immer schwerer. Das ist von dem oder den Gründern des Bitcoins auch so vorgesehen. Damit soll der wachsende Rechenpower in der Blockchain-Rechnung getragen werden. Diese Berechnungen sind aber an sich unnütz und dienen nur der Verlangsamung des Computers, damit die Coins nicht zu schnell berechnet werden. Da dabei aber Energie auf die Computer und die Kühlung verwendet werden muss, entsteht so eine gewaltige Verschwendung.

Der Primecoin möchte diese Verschwendung beenden. Anstatt einer Reihe von sinnlosen Rechenoperationen, die unnützerweise Energie verschlingen, treten nützliche Rechenoperationen. Dabei knüpft der Primecoin auf den Ursprung des Internets an. Dieses wurde entwickelt, damit sich Universitäten austauschen und gemeinsam Berechnungen vornehmen können. Der Primecoin benutzt nun Protokolle, die wissenschaftliche Berechnungen für Universitäten anstellen und diesen die Ergebnisse zur Verfügung stellen. In anderen Worten, Primecoin ist Geld und eine Unterstützung der Wissenschaft zugleich.

Neben den wenigen, hier angesprochenen Kryptowährungen, gibt es natürlich noch viele andere. Dabei kommt es auf den eigenen Geschmack an, wofür man sich entscheidet. Wem es auf eine erfolgreiche Marktposition ankommt, der ist mit dem Bitcoin richtig. Wer dagegen Informationsfreiheit möchte, den bedient der Ethereum. Anhänger des freien Marktes und des Handels ist mit dem Ripple bestens gedient. Die Freunde der Anonymität wenden sich am besten an den Dash und Wissenschaftsenthusiasten nutzen am besten den Primecoin.

Wer jetzt aber daran denkt, sich bei einer Blockchain beziehungsweise einer Kryptowährung zu engagieren, der sollte vorsichtig zuerst die Spreu vom Weizen trennen. Viele Neustarts sind nur Scheinwährungen. Diese bringen Probleme auf verschiedenen Wegen.

Jede Kryptowährung bedarf das Herunterladen bestimmter Programme. Dahinter können sich aber allzu leicht Viren und Würmer verbergen. Diese können dann ganz schnell die eigenen Coins stehlen.

Andere Scheinwährungen sind nur simple Kopien desselben Coins. Diese werden beliebig oft kopiert und verkauft, bis genug Geld damit erwirtschaftet wurde. Dann werden sie wieder vom Markt genommen.

Woran erkennt man eine gute Währung? Als Erstes hat sich eine gute Währung bereits am Markt etabliert. Sie wurde bereits bewertet und über sie wurde bereits geschrieben. Wenn man also eine kleine Internetsuche beginnt, dann wird man schnell etwas über eine gute Währung herausfinden.

Gute Währungen verfügen von Anfang an über eine angemessene Infrastruktur. Damit sind Transaktionen schnell und fehlerfrei. Weiterhin werden sie an offiziellen Handelsplätzen gehandelt.

Will man gerade bei jungen Währungen wissen, ob diese eine Zukunft haben, dann ist es wichtig, sich über das Anliegen dieser Währungen zu informieren. Wenn es Sinn macht und leicht zu akzeptieren ist, dann kann die Währung auch Absatz finden. Wenn die Idee aber abstrus ist, dann wird die Währung bald sang- und klanglos wieder verschwinden.

Weiterhin sollte man auch überprüfen, ob es bereits Händler gibt, die diese Währung als Zahlungsmittel akzeptieren, denn nur dann wird daraus auch wirklich eine Währung. Ist die Währung wirklich verbreitet, dann wird sie auch zur Bezahlung von Waren und Dienstleistungen gern gesehen.

Schlussendlich muss man auch ein Blick auf das Team hinter

der Währung werfen. Haben die Macher eine gute Besetzung? Haben sie eine gute Idee? Haben sie einen guten Plan? All das hat erhebliche Auswirkungen auf das Überleben und den Erfolg einer Internetwährung.

Das Mining

Kehren wir noch einmal an den Anfang zurück. Was ist eine Blockchain? Eine Blockchain ist eine Kette aus Transaktionen, die einem offenen Ringordner gleicht. Jede neue Transaktion muss genehmigt werden und als neuer Block an die Kette angehängt beziehungsweise als neues Blatt in den Ringordner eingeheftet werden. Wer aber tut das? Wer Pflegt die Kette beziehungsweise den Ordner? Das ist die Arbeit der Miner.

Warum werden die Miner als Miner bezeichnet? Im Grunde genommen sind ihre Rechner wie Minenarbeiter. Früher wurden Münzen aus Gold oder Silber gefertigt. Dieses musste geschürft oder in Minen abgebaut werden. Miner genehmigen die Transaktionen. Für ihre Berechnungen erhalten sie Coins als Entschädigung. Anders gesagt, sie produzieren mit ihrer Arbeit Münzen. Damit erinnern sie an die Minenarbeiter und bekamen den Namen Miner.

Bitcoin-Mining

Den Anfang machte der Bitcoin. Dieser startete mit einem Protokoll, dass es erlaubte, insgesamt 21 Millionen Coins in Umlauf zu bringen. Mit der Zeit werden die Rechenoperationen immer komplexer. Da der Coin schon so lange existiert, ist er nun einer der am schwierigsten zu minenden Coins.

Der Miner in der Bitcoin-Blockchain stellt seinen Rechner dem Netzwerk zur Verfügung. Dafür bleibt er ständig online. Er enthält eine Kopie der bisherigen Blockchain. Diese wird immer auf dem neuesten Stand gehalten. Zusätzlich jagt der Miner nach neuen Transaktionen, um diese zu genehmigen.

Diese Erklärung ist im Grunde genommen übertrieben vereinfacht. Genauer betrachtet, geschieht etwas weit Komplizierteres. Möchte jemand eine Transaktion durchführen, dann wird sie an das gesamte Netzwerk gesendet. Die Miner warten auf eine solche Sendung, um sich diese zu schnappen. Dabei wird aber nur der erfolgreich sein, der diese Transaktion als Erster genehmigt. Damit dies geschieht, braucht der Miner einen Code, welcher der Transaktion entspricht. Dieser Code ist aber nicht irgendwo gespeichert, sondern zufallsgeneriert. Der Miner muss nun immer wieder neue zufallsgenerierte Codes produzieren, bis er den findet, der zu dieser Transaktion passt. Damit kann diese Transaktion dann an die bestehende Blockchain angehängt werden. Das Ergebnis wird dann an die Blockchain gesendet, damit auch die anderen Nutzer sie auf den neuesten Stand bringen können.

Beim Finden des Codes aber kommen sehr komplizierte Rechenoperationen zum Einsatz. Diese müssen sicherstellen, dass der Code nicht nur zur Transaktion, sondern auch zur bestehenden Blockchain passt. Damit wird verhindert, dass ein falscher Block generiert oder die bestehende Blockchain verfälscht werden kann.

Das Ganze wird aber noch komplizierter. Der Miner verbraucht mit seiner Arbeit Zeit und Energie. Dafür muss er aber belohnt werden. Die Belohnung erhält er aus der Blockchain in Form von Bitcoins. In anderen Worten, wenn ein Miner eine Transaktion genehmigt, bekommt er Geld. Das ist aber auch noch nicht so ganz alles. Genau genommen bekommt der Miner nämlich nicht Geld von anderen, sondern neues Geld. Kurz, eine Genehmigung einer Transaktion ist zugleich das Erschaffen neuer Bitcoins. Diese Bitcoins werden dann dem erfolgreichen Miner gutgeschrieben.

Als ob das nicht schon genug ist, wird das Ganze noch ein wenig anspruchsvoller. Selbst die kompliziertesten Genehmigungen sind für heutige Rechner kein Problem mehr. Dadurch würde es nur wenige Stunden dauern, um die gesamten 21 Millionen Bitcoins zu berechnen. Damit dies aber nicht geschieht, werden weitere, komplizierte Berechnungen dazwischengeschaltet, um die Computer zu verlangsamen. Somit steigt natürlich der Energieverbrauch und die Zeit, die man zur Berechnung benötigt. Das Protokoll für den Bitcoin ist auch darauf ausgelegt, dass die Extraberechnungen mit zunehmender Anzahl an Coins auch zunehmend komplex werden. Daraus ergab sich eine interessante Entwicklung.

Am Anfang benutzten die Miner ihren heimischen Computer. Bald jedoch reichte deren Rechenkraft nicht mehr aus. Dann kamen die richtig Cleveren auf die Idee, die Grafikkarten zu verwenden. Diese brachten tolle Ergebnisse, doch der Prozess war energiehungrig und die Grafikkarten mussten ständig gekühlt werden. Daraufhin wurden spezielle Chips entwickelt, die sogenannten ASIC-Chips. Diese sparen nicht nur Strom, sie sind auch schneller und überhitzen nicht so leicht.

Die Folge für das gesamte Mining ist aber dadurch etwas größer. Es bekommen nämlich nur die eine Entlohnung in Bitcoins, die am schnellsten eine neue Transaktion genehmigen. Sie schnappen sozusagen den anderen die Coins vor der Nase weg. Damit haben aber mit der Zeit nur noch große Miningzentren eine Chance, erfolgreich zu sein.

Aber auch hier dauerte es nicht lange, bis eine Abhilfe gefunden wurde. Damit kleine Miner eine Chance haben, können sie sich in Clouds zusammenschließen oder einfach einen Cloudserver mieten. Dabei bekommt man seinen Anteil an den Coins entsprechend dem Anteil der Rechenkraft, die man liefert, ausgezahlt.

Der Bitcoin befindet sich also inzwischen auf einem sehr fortgeschrittenen Stand und sein Mining ist eine komplizierte Operation. Es wird interessant sein, wie sich das in Zukunft weiterentwickelt.

Ethereum-Mining

Das Mining des Ethereum gleicht in vielerlei Hinsicht dem Mining des Bitcoins. Es gibt aber ein paar interessante Unterschiede. Zum einem sind die Miner beim Ethereum nicht nur für die Genehmigung von Transaktionen, sondern auch für die Smart Contracts zuständig. Zum anderen werden in der Blockchain des Ethereum nicht nur die schnellsten Miner belohnt.

Die Blockchain des Ethereum funktioniert ein wenig wie ein Uhrwerk. Alle fünf Sekunden kann ein neuer Block an die Blockchain angehängt werden. Dazu muss dieser aber rechtzeitig fertig sein. Die Berechnung des neuen Blocks dauert jedoch 15 Sekunden. Man fängt also mit der Berechnung an und weiß nicht, ob der eigene Block ausgewählt wird, dennoch hat man dann schon Zeit und Rechenleistung sowie Energie investiert.

Ist man selbst der Schnellste, dann wird der eigene Block ausgewählt. Als Belohnung gibt es dafür fünf Ethereum-Coins. Diese fünf Coins haben derzeit einen Gegenwert von zusammen 250 €. Man hat also alle paar Sekunden eine Chance, 250€ abzuräumen. Das klingt schonmal besser als ein Glücksspiel. Es wird aber noch besser.

Man selbst weiß am Beginn der Berechnung nicht, ob man am Ende ausgewählt wird. Daher kann es schnell passieren, dass zwei Blocks fast gleichzeitig zur Verfügung gestellt werden. Daher wird beim Ethereum nicht nur der schnellste Miner belohnt. Auch der zweitschnellste bekommt eine finanzielle Entschädigung. Diese beläuft sich immerhin noch auf zwei oder drei Coins, also 100 oder 150 €.

Es gibt aber noch einen kleinen Wermutstropfen für den Ethereum. Während das Mining sich bisher dank des beschriebenen Systems als sehr lukrativ erwiesen hat, kann man die Zukunft nicht absehen. Die Macher des Coins haben nämlich ein Update angekündigt, das auch die Arbeitsweise des Minings ändern soll. Dieses Update soll noch 2017, aber spätestens 2018, erscheinen. Danach wird man den Ethereum noch einmal unter die Lupe nehmen müssen, um zu sehen, ob sich das Mining noch lohnt. Übrigens funktionieren die ASIC-Chips des Bitcoin-Minings nicht für den Ethereum.

Ripple-Mining

Der Ripple macht von der Blockchain eine Ausnahme. Die Ripple-Coins sind alle bereits generiert wurden und befinden sich zentral bei den Machern des Coins. Ein Mining zum Generieren neuer Coins findet nicht statt.

Primecoin-Mining

Das Mining von Bitcoin und Ethereum hat eine sehr wichtige Gemeinsamkeit. Damit die Währungen nicht schnell erschöpft sind, werden die Rechenprozesse bewusst durch komplizierte Operationen verlangsamt. Das geht soweit, dass man für Bitcoin ASIC-Chips benötigt, während Ethereum bis jetzt noch mit Grafikkarten auskommt. Beide jedoch verbrauchen Energie für die Rechner und deren Kühling. Diese Energie und die Rechenkraft wird jedoch im Grunde genommen vergeudet.

Was der Währung nützt, schadet jedoch der Umwelt. Die Computer müssen angeschafft und betrieben werden. Nach Verbrauch muss man die Hardware entsorgen. Die Rechner können in der Zeit der Mining-Operation nichts anderes machen. Man kann keine Spiele auf ihnen spielen und dadurch Entspannung finden. Es können keine anderen, nützlichen Anwendungen darauf laufen und ein Unternehmen damit weiterbringen. Die ganze Mining-Operation ist nur darauf ausgelegt, eine Fantasie-Währung zu erzeugen und zu erhalten.

Der Primecoin wurde geschaffen, um dies zu ändern. Es geht darum, die Operationen, die der Rechner durchführen muss, für einen Nutzen zu verwenden. Anstatt also nutzlos komplizierte Rechenschritte einzubauen, werden nützliche Berechnungen durchgeführt. Das erschwert weiterhin das Mining, doch es verschwendet nicht die Rechenkraft und die verwendete Energie.

Beim Primecoin dienen die komplizierten Berechnungen, die das Mining erschweren und verzögern, der mathematischen Forschung. Dabei geht es um Primärzahlen, genauer genommen, um Ketten von Primärzahlen. Die Berechnung solcher Ketten verschlingt eine Menge Rechenkraft, für die der Miner mit dem Primecoin entschädigt wird. Die Ergebnisse der Berechnungen werden daraufhin Universitäten zur Verfügung gestellt. Das Hauptziel ist also nicht der Coin, sondern die Arithmetik. In anderen Worten, man verdient nicht nur Geld für ein unbestimmtes Netzwerk, sondern man verdient Geld, indem man der Forschung hilft.

Wem jetzt die Idee gefällt, sich am Mining von Währungen zu beteiligen, der sollte sich jedoch erst einmal umsehen. Verschiedene Währungen kommen mit verschiedenen Voraussetzungen. Dazu kommen unterschiedliche Ziele und unterschiedliche Rechenleistungen. Gerade jedoch junge Währungen lassen sich mitunter noch am heimischen PC schürfen. Für alle anderen ist ein Neueinstieg eine schwere Angelegenheit.

Wallets

Denkt man daran, an einer Blockchain teilzunehmen, dann braucht man auch irgendwann die nötigen Coins dieser Blockchain. Schließlich geht es in einer Blockchain um das Versenden von Werten zwischen den Teilnehmern. Für die Coins braucht man das Gleiche wie für Bargeld: eine Brieftasche, englisch Wallet. Die Coins in einer Blockchain sind jedoch nur digital. Das bedeutet, dass man eine Wallet braucht, die diese digitalen Coins aufbewahren kann. Jede Blockchain bietet dazu eine eigene Wallet an. Diese kommt in den folgenden Versionen vor:

- Desktop-Wallet
- Mobile-Wallet
- Online-Wallet
- Hardware-Wallet
- Paper-Wallet

Nun scheint es ein wenig unverständlich, dass man digitales Geld in einer Brieftasche aufbewahrt. Doch das erklärt sich aus einem simplen Prinzip. In einer Blockchain tritt man mit zwei Schlüsseln auf. Der öffentliche Schlüssel erlaubt es den Teilnehmern der Blockchain, den Inhalt der eigenen Wallet zu sehen. Das ermöglicht es, dass die Blockchain als solche die Transaktionen als Blocks generieren kann. Dazu kommt aber noch ein zweiter, ein privater Schlüssel. Dieser gestattet es, die Coins aus der Wallet herauszunehmen. Die Wallet nun ist nichts anderes als der private Schlüssel zu den Coins.

Desktop-Wallet

Die Desktop-Wallet kommt oftmals schon dann, wenn man sich die nötige Software für die Blockchain herunterladet. Sie ist kostenlos und relativ sicher. Sie gestattet es, dass man sich Adressen für die Coins schafft, um diese zu versenden beziehungsweise zu empfangen. Es gibt aber auch unabhängige Anbieter, die ihre eigene Version der Wallets herausbringen. Solche Wallets können zum Beispiel besonders auf die Sicherheit des Guthabens abzielen. Armory ist eine solche Wallet, die es jedem Dieb richtig schwermacht. Es gibt aber auch Wallets, denen es mehr um die Anonymität geht. DarkWallet gehört zu diesen Wallets und macht es schwer, die Coins zu verfolgen. Dazu transferiert diese Wallet beständig die Coins zwischen den einzelnen Guthaben des Besitzers.

Desktop-Wallets sind bei verschiedenen Online-Stores erhältlich. Sie bieten vor allem dadurch Sicherheit, dass man nicht auf sie zugreifen kann, wenn der Rechner nicht online ist. Dazu werden sie einfach auf der Festplatte abgespeichert

TOM RICHMUND

Mobile-Wallet

Eine Mobile-Wallet ist im Grunde genommen nichts anderes als eine App für das Smartphone. Man kann sie einfach in einem App-Store finden und herunterladen. Damit mit einer Mobile-Wallet die Verbindung nicht zu sehr belastet wird, lädt diese nicht die gesamte Blockchain herunter. Mit einer vereinfachten Bezahlmethode sind diese Apps auch als kleiner Download verfügbar. Damit kann man dann immer und überall seine Coins versenden oder empfangen.

Online-Wallet

Eine Online-Wallet ist nichts anderes als ein Internetserver, auf dem man seinen privaten Schlüssel für seine Coins hinterlegt hat. Online-Börsen wie Coinbase bieten dabei ihren Handel gleich in Verbindung mit einer dortigen Wallet an.

Der Vorteil von Online-Wallets liegt auf der Hand. Sie sind immer und überall verfügbar. Man muss nur online sein, um sie zu benutzen. Dies geht von jedem Gerät und zu jeder Zeit.

Der Nachteil der Online-Wallets liegt aber ebenso auf der Hand. Sie befindet sich auf dem Server eines Internetdienstleisters. Man kennt dessen Sicherheitsvorkehrungen oder vielleicht sogar dessen Redlichkeit nicht. Anbieter können pleitegehen oder sie können ihre Regeln ändern. Sie können das Opfer gezielter Angriffe werden. Kurz, man muss diesem Anbieter vertrauen. Da jedoch gerade beim Bitcoin erhebliche Werte mitspielen, geht dieses Vertrauen vielen Nutzern zu weit.

Hardware-Wallets

Eine Hardware-Wallet ist ein USB-Stick, der nur für den Zweck der Wallet existiert. Da dieser USB-Stick normalerweise nicht angeschlossen ist, ist die Sicherheit mit einer Hardware-Wallet sehr hoch. Ein Risiko besteht nur, wenn man den Stick einsteckt, um seine Coins zu transferieren. Ein Nachteil ist jedoch der hohe Anschaffungspreis. Solche Wallets kann man leicht bei Versandhäusern bestellen, doch sie schlagen mit rund 20 bis 100 € zu Buche.

Paper-Wallet

Die höchste Sicherheit bekommt man mit einer Paper-Wallet. Es mag widersinnig klingen, doch man kann seine Wallet für sein elektronisches Geld auf Papier drucken und sie dann offline mit sich herumtragen. Das macht sie gegenüber Hackern sicher, doch man muss gerade bei ihrer Erstellung sehr vorsichtig sein.

Das Programm, welches man für eine Paper-Wallet benötigt, sollte man auf einem neu aufgesetzten Rechner starten und diesen dann vom Internet trennen. Das Drucken sollte auf einem Drucker erfolgen, der nicht mit einem Netzwerk verbunden ist. Nach dem Drucken muss die Datei, die die Daten der Wallet enthält, gelöscht werden. Doch gerade das Letztere ist gefährlich, falls man noch andere Wallets hat, denn diese würde man gleich mitlöschen.

Paper-Wallets sind einfach nur der private Schlüssel, denn man direkt oder als QR-Code ausdrucken und dann einfach verwenden kann. Die Sicherheit gegen Hacker, die man mit dieser Wallet erhält, ist jedoch mit einer Möglichkeit der Beschädigung erkauft. Während man also gegen Hacker geschützt ist, kann eine Paper-Wallet alt und unbrauchbar werden. Daher sollte man einige Regeln für die Aufbewahrung beachten. Als Erstes sollte man die Paper-Wallet in einem versiegelten Plastik-Beutel aufbewahren. So wird sie wirkungsvoll gegen Feuchtigkeit und Verschmutzung geschützt. Besser sogar ist es, sie zu laminieren. Man muss die Wallet auch vor normalen Dieben schützen. Dafür lohnt sich die Aufbewahrung in einem Safe, bei einem Notar oder in einem Bankschließfach.

Sicherheit

Natürlich ist man gerade am Anfang um die Sicherheit der Wallet besorgt. Diese ist jedoch ein privater Schlüssel und immer so sicher, wie man sie aufbewahrt. So wie man seinen Rechner, sein Smartphone oder seine richtige Brieftasche schützt, so muss man auch seine Wallet schützen.

Anonymität

So wie Behörden schon bei Ebay geschaut haben, so versuchen sie auch, die Anonymität der Blockchain zu durchbrechen. Dazu haben sie auch einen Ansatz. Wenn man es nämlich genau betrachtet, ist man in der Blockchain nicht anonym, sondern pseudoanonym. Das kommt daher, dass man selbst anonym hinter dem Pseudonym ist, aber jeder alle Transaktionen des Pseudonyms verfolgen kann. Das liefert den Behörden einen Ansatzpunkt, nach bestimmten Verhaltensweisen zu suchen und so die Pseudonyme zu durchbrechen. Aus diesem Grund sind einige Wallets besonders darauf angelegt, die Anonymität ihrer Besitzer zu sichern, indem sie ständig die Coins in den verschiedenen Guthaben durchmischen.

Die Sicherheit

Eine Blockchain ist ein Netzwerk für das Versenden von Werten. Damit ergibt es sich immer, dass es auch um das liebe Geld geht. Da kommen natürlich auch immer Fragen über die Sicherheit auf. Das gilt natürlich noch viel mehr bei digitalem Geld, denn das wird fast ausschließlich online transferiert. Dabei kommt es im Prinzip auf vier Bereiche an:

1. Wie sicher sind die Transaktionen?

2. Wie sicher ist mein Geld aufbewahrt?

3. Wie sicher ist die Währung?

4. Wie sicher ist das Netzwerk?

1. Wie sicher sind die Transaktionen?

Bitcoin wirbt damit, dass man in der Blockchain seine eigene Bank ist. Was als Werbung gedacht ist, sollte man auch gleich als Warnung betrachten. Man ist bei Bitcoin und Co seine eigene Bank und damit komplett für sein eigenes Geld verantwortlich. Hat man zum Beispiel einen Fehler in einer Überweisung bei der Bank entdeckt, dann kann man das Geld zurückholen. Bei den digitalen Währungen dagegen sind alle Transaktionen endgültig. Einmal abgeschickt, kann man das Geld nicht zurückholen.

Digitale Währungen kennen auch keinen Käuferschutz so wie PayPal. Die Blockchain dient auch zum Verkauf von Waren und

Dienstleistungen. Die Nutzer verstecken sich jedoch hinter Pseudo-nymen. Hat man erstmal eine Transaktion vorgenommen, aber man erhält die Waren nicht oder Dienstleistung entspricht nicht dem, was man abgemacht hat, kann man das Geld nicht zurückholen. Selbst ein Gang zum Gericht wird kaum möglich sein, denn dank des Pseudo-nyms kennt man noch nicht einmal die wahre Identität des anderen.

Aus dem Ganzen wird schnell deutlich, dass man sehr genau mit seinem digitalen Geld umgehen muss. Jeder Fehler geht zu den eigenen Lasten.

Auf der anderen Seite jedoch erlauben die Blockchain-Coins, mit Ausnahme des Ripple, es nicht, dass jemand etwas bezahlt, ohne über die nötigen finanziellen Mittel zu verfügen. Man kann also sicher sein, wenn eine Transaktion vorgenommen wurde, dass das Geld auch da ist und bei einem selbst ankommt.

2. Wie sicher ist mein Geld aufbewahrt?

Wie im echten Leben die Brieftasche, so ist auch die Wallet der Kryptowährungen Dieben ausgesetzt. Man muss also sehr gut darauf achtgeben. Das beginnt damit, dass man nicht unbedingt eine Online-Wallet benutzt. Das geht weiter über die Verwendung von Anti-Vi-renprogrammen. Die Paper-Wallet sollte man ebenso diebstahlsicher aufbewahren. Man muss einfach verstehen, dass die Online-Coins eine gehörige Portion Wert annehmen können. Dazu kommt, dass ein Bankräuber nur die Bank ausraubt. Das eigene Geld auf dem Konto ist nach wie vor unangetastet. Ein Dieb aber, der es schafft, den Schlüssel zur Wallet zu bekommen, der nimmt das Geld und dieses ist dann auch wirklich für einen selbst futsch.

Während ein Offline-Dieb jedoch einem die Brieftasche stehlen will, muss er dazu dicht herankommen. Im Internet jedoch kann der Dieb weit entfernt sein und unbemerkt vorgehen. Dazu kommen Viren und inzwischen auch extra entwickelte Wallet-Würmer. Es ist also wichtig, ein erhöhtes Sicherheitsbewusstsein mitzubringen.

Weiterhin sollte man verstehen, dass man nur mit dem privaten Schlüssel an seine Coins kommt. Es gibt keinen anderen Weg, sich zu identifizieren. Verliert man zum Beispiel seine Visa-Karte, dann kann man zur Bank gehen, die verlorene Karte sperren und eine neue Karte beantragen. Ist jedoch der Schlüssel für die Wallet weg, dann ist gleich die ganze Wallet und alle Coins darin für einen selbst unerreichbar, sprich verloren. Es gibt kein zurück mehr.

3. Wie sicher ist die Währung?

Die Währung selbst ist ebenfalls nicht immer sicher. Das liegt einfach daran, dass sie keine offizielle gesetzliche Währung ist. Einmal auf den Markt gebracht, kann eine Währung auch wieder von diesem verschwinden. Das kann auf mehreren Wegen geschehen.

Als Erstes können die Macher der Währung von Anfang an einen Schein-Coin entworfen haben, den sie einfach beliebig oft kopieren, bis sie genug Profit gemacht haben. Dann nehmen sie ihn wieder vom Markt und die Investoren sind angeschmiert.

Andererseits können sich auch einfach die Mehrheit der Nutzer gegen eine Währung entscheiden und diese verlassen. Sie würde dann sehr schnell an Wert verlieren und die Investoren sind wieder gelackmeiert.

Es ist auch möglich, dass sich die Händler einfach entscheiden, eine Währung nicht weiter zu handeln. Daraufhin würden die Nutzer sie sehr schnell verlassen und das investierte Geld ist weg.

Neben der Möglichkeit, dass eine Währung wieder verschwindet, gibt es aber noch andere Probleme, die auftreten können. So muss eine Währung zum Beispiel sicher gegen Fälschungen sein. Das wird in er Blockchain mit der Transparenz und dem Konsens-Prinzip erreicht. Alle Teilnehmer können alle Transaktionen einsehen und die Mehrheit der Teilnehmer entscheidet, ob die Transaktion so richtig ist. Damit ist die Währung selbst sehr sicher gegen Fälschungen. Das gilt aber nur, wenn die Währung auch wirklich verteilt ist. Was jedoch passiert, wenn nur ein Miner mehr als 50 Prozent der Coins schürft, wird im nächsten Kapitel beschrieben.

Weiterhin kann eine Währung einfach Fehlentwicklungen unterliegen. Es gibt keine zentrale Aufsicht. Alle Leute innerhalb der Blockchain können im Prinzip mit dem Geld tun, was sie wollen. Damit eignen sich solche Währungen hervorragend zur Geldwäsche, was eine kriminelle Handlung ist und auf vorhergehenden kriminellen Handlungen beruht. Sollte eine solche Entwicklung Überhang nehmen, würden die Staaten sehr schnell und resolut dagegen einschreiten, was einen heftigen Werteverfall und eventuell sogar das Ende der Währung bedeuten würde.

4. Wie sicher ist das Netzwerk?

Am Ende bleibt noch festzustellen, dass eine Blockchain als Netzwerk stattfindet. Das bringt das übliche Internetproblem von Viren, Trojanern und all den anderen Ausgeburten mit sich, die schon das altbekannte Internet zu einem nicht immer so ungefährlichen Ort machen. Hier muss man aber auf einen großen Unterschied hinweisen. Während das Internet auf Informationen und deren Vermittlung abzielt, geht es bei Blockchains um Werte. Bei einem Virus im alten Internet verliert man Daten. Das mag unangenehm sein, doch Daten lassen sich ersetzen. Mit den Blockchains dagegen verliert man Coins, deren Gegenwert leicht in die Tausend oder Millionen von Euros gehen kann. Letzteres macht auch Angriffe mit Viren und speziellen Wallet-Würmern gleich noch besonders interessant.

Im Grunde genommen ändert sich für die Teilnehmer in einer Blockchain hinsichtlich der Netzwerksicherheit nicht viel, vielleicht jedoch hinsichtlich der Bedeutung. Da man so viel Geld verlieren kann, gilt es ganz besonders darauf zu achten, seinen Computer immer mit den neuesten Updates zu versorgen und ordentliche Sicherheitsprogramme zu benutzen. Dazu gehören Firewalls ebenso wie Anti-Virenprogramme.

Die 51%-Attacke

Wie schon im letzten Kapitel erläutert, bedeuten die Blockchains mit ihren Coins, dass man seine eigene Bank sein muss. Das bedeutet auch, dass man die entsprechende Verantwortung trägt. Diese Verantwortung wird aber aufgrund des Konsensprinzips sogar weit größer, als man denkt. Es ist nämlich wie schon angedeutet so, dass die Mehrheit der Nutzer entscheidet, welche Transaktion richtig und welche falsch ist. Wie immer in einem Mehrheitssystem entsteht hierbei eine Gefahr, wenn jemand mehr als 50 Prozent der Stimmen kontrolliert. Um diese Gefahren zu kennen und vor allem eine solche Entwicklung zu erkennen, muss man sich erst informieren und dann auf die warnenden Anzeichen achten.

Das Erste, worauf man achten muss, ist die Info-Seite der jeweiligen Blockchains. Dort kann man sehen, welche Miner wie viele Prozente der Transaktionen genehmigen. Solange diese Zahlen ausgeglichen sind, ist das kein Problem. Gerade jedoch bei kleineren Währungen kann es passieren, dass ein Miningzentrum oder ein -pool aus Cloudminern mehr als 50 Prozent der Blocks für die Blockchains erstellt. Bei großen Währungen ist dieses ebenso plausibel. Hier liegt es daran, dass der Aufwand für das Mining immer größer wird. Damit fallen die kleineren Miner bald weg und die großen Pools teilen mehr als 50 Prozent der Blocks unter sich auf. Dann kann es passieren, dass, aus welchen Gründen auch immer, sich diese Pools zusammenschließen. Das Ergebnis ist die sogenannte 51%-Attacke.

Die Idee hinter der Blockchain und der Transparenz ist, dass die Teilnehmer die Blöcke sehen und zurückweisen können. Wenn jemand also einen falschen Block in das System speisen möchte, dann wird er von den anderen zurückgewiesen. Je mehr Prozent aber der Angreifer in einem solchen System kontrolliert, desto größer ist die Wahrscheinlichkeit, dass sein Block als der richtige Block anerkennt wird. Das gilt auch, wenn besagter Block eigentlich falsch ist.

Gelingt es nun einem Miner mehr als 50 Prozent der Blocks zu generieren, dann besitzt er die Macht innerhalb der gesamten Blockchain. Dies würde dem Angreifer erlauben, nach Belieben Blocks einzuspeisen beziehungsweise abzulehnen oder zu verändern.

Das Erste, was ein solcher Angreifer tun könnte, ist, Coins doppelt auszugeben. Er würde einfach eine Transaktion durchführen und sie selbst genehmigen und als richtig anerkennen. Dann könnte er das soeben transferierte Geld erneut ausgeben und diese Transaktion erneut genehmigen und als richtig anerkennen.

Damit nicht genug, könnte ein solcher Angreifer nach Belieben Transaktionen als falsch deklarieren. Damit kann er Zahlungen sperren und Teilnehmer komplett aus dem System entfernen.

Ein 51%-Angreifer könnte auch Transaktionen umleiten. Wenn A Coins an B sendet, kann der Angreifer sie nach seinen Wünschen zu jemand anderem oder einfach zu sich selbst senden.

Der Angreifer könnte sogar alle anderen Miner davon abhalten, an Blöcke zu gelangen. Das wäre das absolute Monopol in einem solchen Netzwerk und der Angreifer wäre der Diktator.

Würde aber ein 51%-Angreifer sich an seinem Erfolg erfreuen können? Die Antwort darauf ist ein klares „Nein"! Das liegt ganz klar an der Transparenz des Systems. Die Leute würden einfach erkennen, dass jemand mehr als 50 Prozent der Coins schürft und dementsprechend Macht aufgebaut hat. Sie könnten zwar nicht die einzelnen Manipulationen nachverfolgen, da ja der Angreifer sie nach Belieben für richtig erklären kann, doch sie können alle Transaktionen anzweifeln.

Viele Teilnehmer an einer solchen Blockchain würden nun versuchen, ihre Coins abzustoßen. Das brächte einen erheblichen Preisverfall. Handelsplätze würden sich gegen die Währung wenden und schlussendlich könnte sie sogar ganz verschwinden.

Weiterhin bedarf eine 51%-Attacke eines ungeheuren Aufwands an Rechenleistung, nur um sie überhaupt zum Erfolg zu bringen. Damit nicht genug. Besagte Rechenleistung müsste permanent aufgestockt werden, denn der Aufwand für das Mining steigt mit jedem geschürften Coin. Wenn nun aber die Teilnehmer aus dem Netzwerk fliehen, verfällt der Wert der Währung. Die eingesetzte Rechenkraft jedoch würde eine Unmenge an Kosten für den Unterhalt erfordern und sich dann ganz einfach nicht mehr lohnen.

Eine Gegenwehr ist auch möglich. Zum Beispiel könnten Hacker einen solchen Angreifer lahmlegen. Man muss jedoch nicht so weit gehen. Wenn einfach jeder Teilnehmer ein wenig minen würde, hätte der Angreifer bald keinen Überschuss an Prozenten mehr. Dazu kommt, dass man einfach die Zahl der Bestätigungen erhöhen kann. Das brächte einen weiteren Rechenaufwand für den Angreifer.

Zusammengefasst kann man also sagen, dass eine solche 51%-Attacke möglich ist. Sie würde das System des jeweiligen Coin oder der jeweiligen Blockchain auch gehörig durcheinanderbringen. Sie würde aber gleichzeitig den Angreifer ruinieren. Letzteres gilt auch und vor allem bei älteren Währungen, deren Rechenaufwand auch ohne einen solchen Angriff schon sehr hoch ist.

Mögliche Anwendungsgebiete

Die Hauptanwendung der Blockchain ist bisher natürlich das Übertragen von Werten. Doch dank der Smart Contracts lassen sich eine Menge anderer Dinge damit koppeln. Damit startet schon eine Veränderung des Vertragsrechts. Daneben gibt es aber auch Anwendungsmöglichkeiten in der Musikindustrie. Auch die Steuern könnte man damit nicht nur begleichen, sondern das Steuerrecht revolutionieren. Die Transparenz der Blockchain würde die Steuererklärung überflüssig und Steuerflucht fast unmöglich machen. Die Finanzbranche hat die Blockchain mit ihren Möglichkeiten bereits entdeckt und Pilotprojekte gestartet. Bei der CITI-Bank sind es über 40 Projekte, die sich mit der Blockchain befassen. Die Börse in New York möchte auch den Aktienhandel über die Blockchain abwickeln. Nach bisherigen Studien könnte die gesamte Bankindustrie bis zu 20 Milliarden Dollar im Jahr mit der Blockchain sparen.

Fangen wir aber langsam an. Neben dem puren Versenden von Geld sind es gerade die Smart Contracts, die diesem Versenden einen Sinn geben. Diese arbeiten nach einem sehr einfachen Wenn-Dann-Prinzip. Wenn die Zahlung erfolgt ist, dann wird das Produkt freigegeben oder auch umgedreht. Damit wird ein miteinander verknüpfter Prozess gestartet, denn man nicht umkehren kann. Das verhindert Betrug. Alles was man tun muss, ist ein Ereignis und eine Folge zu definieren. Diesen Smart Contract kann man dann in die Blockchain als Transaktion einspeisen. Tritt das Ereignis, zum Beispiel die Zahlung, ein, dann wird die Folge, zum Beispiel die Freigabe des Produktes, eingeleitet. Das ermöglicht eine sofortige Ausführung der Verträge ohne umständliche Interpretationen. Natürlich kann man auch eine auflösende Bedingung eingeben. Zum Beispiel würde der Smart Contract automatisch null und nichtig, wenn die Zahlung nicht bis zu einem bestimmten Termin erfolgt.

Ein Beispiel für einen solchen Smart Contract könnte der Kauf einer Software, zum Beispiel eines Computerspiels, sein. Der Vertrag definiert, dass das Spiel freigegeben wird, sobald die Zahlung erfolgt ist. Die Zahlung ist in diesem Beispiel ein Ethereum-Coin. Die auflösende Bedingung ist die Zahlungsfrist, die mit einem Zeitrahmen festgelegt wird, sagen wir 48 Stunden. Dieser Vertrag wird als Smart Contract zwischen A und B festgelegt und als Transaktion in die Blockchain eingefügt. A soll das Spiel liefern und B die Zahlung. Transferiert nun B den Ethereum-Coin, wird sofort nach dessen Eingang das Spiel für B verfügbar gemacht. Das geschieht automatisch, ohne das A oder B eingreifen müssen. Zahlt jedoch B nicht innerhalb der besagten 48 Stunden, dann wird als neue Transaktion der Vertrag als nichtig erklärt. So kann A nicht betrügen. Sobald der Coin eingeht, wird das Spiel automatisch freigegeben. Auch B kann nicht betrügen. Die Transaktion ist endgültig. Wenn das Spiel für ihn verfügbar ist, kann er nicht die Zahlung stornieren. Beide, A und B, sind durch die

Frist geschützt. So muss A das Spiel nicht auf ewig für B verfügbar halten und B kann nicht ewig mit der Bezahlung warten.

Neben dem Kauf von Computerspielen sind noch viele andere Anwendungen für solche Smart Contracts denkbar. Zum Beispiel könnte ein Autokauf per Smart Contract stattfinden. Nach erfolgter Bezahlung wird dann das Auto elektronisch freigeschaltet und der Käufer kann es dann öffnen, starten und benutzen. Auch das Herunterladen von Musik kann mit solchen Smart Contracts geschehen. Selbst die Übertragung von Grundstücken ist dank der Transparenz damit denkbar. Die Notwendigkeit eines Grundbuches könnte so glatt entfallen. Das Beispiel Ethereum wurde hier nicht ohne Grund gewählt, denn mit den Smart Contracts in dieser Blockchain sind solche Anwendungen jetzt schon möglich, mit Ausnahme des Grundstücksverkaufs.

Entwicklungsländer haben heutzutage einen wesentlichen Nachteil. Dort gibt es viele Startups, die an sich vielversprechend sind. Die Länder sind jedoch nicht direkt an den Bankenverbund angeschlossen. Die Folge sind exorbitante Überweisungskosten und -zeiten. Eine Überweisung kann, zusammen mit Intermediär-Banken, schnell bis zu 100 € Kosten und bis zu eine Woche dauern. Diesen Startups kann eine Blockchain nun helfen, die Zahlungen schneller, einfacher und billiger abzuwickeln. Damit können die Startups innerhalb der Entwicklungsländer ihre Waren und Dienstleistungen für Industrieländer verfügbar machen und von den besseren Preisen profitieren. Die Industrieländer wiederum profitieren von den niedrigeren Kosten in den Entwicklungsländern. Das würde aber nicht nur den Startups helfen, Geld billiger und schneller zu transferieren. Es würde vielen von ihnen überhaupt erst eine Chance auf ein Konto oder in diesem Fall eine Wallet eröffnen.

Natürlich würde die Blockchain auch die Infrastruktur der Banken revolutionieren. Die Geldhäuser selbst könnten einen wesentlichen Teil ihrer Infrastruktur einsparen. Dazu käme die schnellere Abwicklung der Transaktionen, was ebenfalls über die Zinsen Einsparungen bringt. Auch bräuchten die Banken ihrerseits nicht an die Intermediär-Banken Gebühren zu entrichten. Diese Einsparungen könnten es so einigen europäischen und deutschen Geldhäusern gestatten, wieder konkurrenzfähig zu werden.

Zwei Dinge sorgen in ihrer Kombination für mehr Freiheit. Das Erste ist die Möglichkeit, die Coins beliebig zu stückeln. Damit können auch kleine und kleinste Beträge erstellt werden. Das Zweite sind die äußerst geringen bis nicht vorhandenen Transfergebühren. Damit könnte ein Musikgeschäft in Europa einen einzelnen Song an einen Käufer in Japan übertragen. So erweitern selbst kleinere Kundengeschäfte ihre Reichweite von bisher nur lokal zu dann weltweit. Das trifft vor allem auf Geschäfte mit digitalen Waren zu. Neben Musik gilt das zum Beispiel für Apps und Online-Zeitungen.

Diesen Gedanken kann man aber noch viel weiterspinnen. So kann jeder seinen eigenen Plattenladen oder seinen eigenen App-Store eröffnen. Man produziere einfach die Musik oder die App, die einem gefällt. Nun kann man sie Blockchain basiert anbieten. Dank der Smart Contracts kann man dabei sogar bestimmen, dass sie nicht kopiert werden darf, ohne dass der Musiker oder der Programmierer seinen Anteil bekommt. So werden die Rechte automatisch und sicher verwaltet. Das wird die gesamte Industrie komplett verwandeln, denn sonst traten immer Dritte, nämlich die Produzenten beziehungsweise Stores zwischen den Musiker oder Programmierern und deren Fans beziehungsweise Kunden. Nun kann alles direkt und unkompliziert ablaufen. Solch ein direkter Kontakt erlaubt auch direktes Feedback und ermöglicht ein gemeinsames Entwickeln zwischen Anbietern und Abnehmern.

Die Fantasie muss aber hier nicht haltmachen. Welches System muss transparent und zugleich anonym sein? Die Wahlen. Heute kämpfen die Parteien damit, dass ihnen die Wähler ausgehen. Dies betrifft vor allem die junge Wählerschaft. Viele jedoch sind wahrscheinlich einfach nur nicht gewillt, ihr Haus zu verlassen. Sie vergleichen ihre Bequemlichkeit mit dem von ihnen angenommen eher geringen Nutzen und entscheiden sich dafür, daheim zu bleiben. Wenn solchen Wählern nun die Chance gegeben wird, sich im Internet umfassend zu informieren und dann in der Blockchain zu wählen, dann würde die Beteiligung an den Wahlen sehr wahrscheinlich ansteigen. Dies würde auch zwei andere Probleme beheben. Bürger, die nämlich von den Wahlen aufgrund ihrer Arbeit ferngehalten werden, wie zum Beispiel Notärzte, Polizisten oder Feuerwehrleute, könnten auf eine Briefwahl verzichten. Anstatt sich also auf das bürokratische Prozedere einer Briefwahl einzulassen, könnten sie einfach daheim abstimmen. Noch mehr würde den deutschen Staatsbürgern im Ausland geholfen. Auch sie könnten auf Botschaftsgänge und Briefwahlanträge verzichten und einfach per Blockchain ihre Stimme abgeben.

Die Blockchain erlaubt auch intelligente Versicherungsverträge. So könnte ein Programm das Fahrverhalten eines Versicherungsnehmers analysieren und so den richtigen Betrag für die Versicherungszahlungen automatisch festlegen. Gleiches gilt für die Lebens- beziehungsweise Krankenversicherung und die Gesundheit. Versicherungsbetrug würde erschwert werden, was der Versicherung Geld spart und für alle die Beiträge senkt. Umgedreht könnten Versicherungen sich nicht so einfach aus ihren Zahlungsverpflichtungen herauswinden.

Was bringt die Blockchain dem Einzelnen?

Eine Blockchain bringt für den Einzelnen vor allem eines: Unabhängigkeit. Wer zum Beispiel eine App programmiert hat und sie verkaufen möchte, braucht dazu einen App-Store. Dieser App-Store hat seine eigenen Regeln und beherrscht damit das Geschäft seiner Nutzer. Diese können gesperrt werden oder man kann sie mit neuen Regeln gängeln. In einer Blockchain dagegen kann man seine App ganz einfach anbieten und jeder kann sie kaufen und bezahlen. Das Gleiche gilt für E-Books, die eigene Musik oder was man sonst noch digital herausbringen kann. Wer heute ein E-Book schreibt, kann es nur auf bestimmten Plattformen umsetzen. Diese wickeln die Zahlungen ab und haben alle Informationen über die eigene Person. Darauf ist man jedoch nun nicht mehr angewiesen. Die Zahlungen können anonym vom Leser zum Autor erfolgen, auf umgekehrtem Weg gibt es den Download des Buches. Der Smart Contract erlaubt es dabei beiden Parteien, ihre eigenen Regeln zu entwerfen.

Die Blockchain mit ihrer Transparenz macht es möglich, große Datenmengen für viele Nutzer verfügbar zu machen. Dabei werden aber Urheberrechte gewahrt. Es kann immer nachvollzogen werden, wer welche Informationen, welche Musik oder welche Bilder zur Verfügung gestellt hat. Damit besteht ein wirksamer Schutz gegen das unerwünschte Kopieren während gleichzeitig eine Bezahlung für diese Inhalte einfach per Coin möglich ist.

Die Blockchain verschafft die Unabhängigkeit von den Banken. Anstatt zähneknirschend deren Gebühren und Überweisungszeiten hinnehmen zu müssen, kann man sie nun einfach umgehen. Das hilft vor allem Startups und Jungunternehmern, sich von Anfang an weltweit zu betätigen.

Dem Einzelnen verschafft die Blockchain dabei aber nicht nur die Möglichkeit, sich und seine Werke entsprechend anzubieten, sondern auch zugleich die Möglichkeit, derartige Angebote zu nutzen. Die Welt rückt damit mal wieder ein Stückchen mehr zusammen. Nicht zuletzt erlaubt es die Blockchain auch jedem Einzelnen, sich als Investor in eben diese Blockchains zu betätigen. Mehr dazu gibt es im nächsten Kapitel.

In eine Blockchain investieren?

Natürlich kann man auch in eine Blockchain direkt investieren. Dazu stehen verschiedene Wege offen. Bevor man jedoch damit beginnt, sollte man sich umfassend über die Währungen informieren, schließlich ist man dabei, Euros oder Dollars in sie zu pumpen. Es wäre doch schade, wenn man sein Geld verliert, anstatt einen Gewinn zu erwirtschaften.

<u>Eine eigene Währung</u>

Die erste Methode, in eine Blockchain zu investieren, ist die schwierigste aber auch diejenige, die sich am meisten auszahlen kann. Die Rede ist davon, seine eigene Blockchain mit den dazugehörigen Coins zu erschaffen. Dazu muss man jedoch sehr viel Wissen, Geld und Zeit mitbringen.

Das Wissen braucht man, um das richtige Protokoll zu erstellen. Ist dieses programmiert, dann braucht man das Wissen, wie man die Währung unter die Leute bringt. Da sie noch kein Zahlungsmittel zum Zeitpunkt ihrer Entstehung ist, muss sie erst als ein solches akzeptiert werden. Neben einem guten Plan braucht dies auch so einiges an Zeit. Ein Weg wäre zum Beispiel, ein kostenloses Onlinespiel zu entwerfen, deren Erweiterungen man mit der neuen Währung kauft. Wenn die Leute dann anfangen, ihre Euros, Dollars, Bitcoins oder Dashs in die neue Währung umzuwandeln, um die Erweiterungen zu kaufen, dann beginnt die Währung ihr echtes Leben.

Das Geld braucht man, um die nötige Infrastruktur zu schaffen. Dazu gehören nicht nur jede Menge leistungsstarke Rechner, sondern auch das Fachpersonal. Weiterhin muss man in Nebenprojekte, wie zum Beispiel das besagte kostenlose Onlinespiel, investieren, damit die Währung als solche überhaupt wahr- und dann auch angenommen wird.

Am Ende braucht ein solches Projekt auch erhebliche Zeit. Nicht umsonst dauerte es Jahre, bis der Bitcoin von sehr, sehr klein bis auf sein heutiges Volumen angestiegen ist. Erst dann zahlt sich die Investition auch aus.

Die Vorteile sind, dass man mit dem Start einer neuen Währung das gesamte Projekt komplett unter seiner Kontrolle hat. Die neue Währung wird genau so sein, wie man selbst es sich vorstellt. Da man auch der erste Miner ist, ist man den anderen immer einen Schritt voraus und kann so mit der wachsenden Währung beständig auch seinen Profit erhöhen.

Der Nachteil liegt aber auf der Hand. Die Investition ist sehr hoch. Die Zeit und das Geld, welches man in das Projekt steckt, kommen nur bei einem vollständigen Erfolg der Währung wieder zu einem zurück. Dafür muss die Währung aber nicht nur von einigen, sondern von vielen Nutzern angenommen und aufgebaut werden. Kommt es jedoch nicht zu einer breiten Annahme der Währung, dann ist die eigene Blockchain unweigerlich dem Untergang geweiht und das Geld und die Zeit sind verloren.

Mining

Wer nicht so weit gehen möchte, seine eigene Blockchain nebst Coins zu erschaffen, der kann sich einfach als Buchhalter beziehungsweise Miner einer etablierten Währung betätigen. Die Vorteile liegen hierbei darin, dass man Risiko, möglichen Profit und Aufwand leicht ausbalancieren kann.

Je älter eine Währung ist, desto wahrscheinlicher wird sie nicht verschwinden. Sie hat ihren festen Marktanteil und sie lässt sich absetzen. Auf der anderen Seite bedeutet aber eine alte Währung auch sehr viel aufwendigere Berechnungen. Man braucht also einen erheblich höheren Aufwand an Rechenleistung. Dazu kommt, dass die Gewinnaussichten kleiner sind, denn hohe Kurse mögen zwar steigen, doch sie schießen nicht unbedingt direkt nach oben.

Eine junge Währung dagegen bietet einen geringeren Einsatz bezüglich der Rechenleistung. Man kann schnell Coins schürfen und diese aufbewahren und dann verkaufen, wenn die Währung gehörig zugelegt hat. Damit kann man sehr hohe Gewinne einfahren. Auf der Negativseite steht jedoch das Risiko, dass eine junge Währung sich nicht am Markt halten kann oder im Extremfall sogar nur eine Scheinwährung ist.

Wer diesem Dilemma entfliehen möchte, kann sich auch einfach auf das Cloudmining verlegen. Dazu kann man sich mit anderen Minern zusammenschließen oder seinen eigenen Miner gleich anmieten. Dennoch besteht hier ein doppeltes Risiko. Junge Währungen werden vielleicht wie im vorigen Beispiel einfach verschwinden und vor allem bei älteren Währungen lohnt sich das Schürfen vielleicht einfach nicht mehr. Die Miete für den Cloudminer ist dann so hoch, dass sie den gesamten Profit aufzehrt.

Weitere Nachteile entstehen je nach Blockchain. Wer sich zum Beispiel als Bitcoin-Miner versuchen möchte, wird um ASIC-Chips nicht herumkommen. Diese Chips sind jedoch einzig auf die Bitcoin-Blockchain ausgelegt und lassen sich nicht zum Minen anderer Währungen verwenden. Ein solches Monoinvestment ist dann besonders riskant, denn gerade im Bereich des Bitcoins sind die Mining-Operationen sehr weit fortgeschritten. Dadurch lohnt sich zumindest hier das Heim-Mining nicht mehr.

Weitere Risiken kommen mit den Marktschwankungen. Währungen können sogar über Jahre hinweg in einem Tief liegen. Man braucht also einiges an Ausdauer, um hier zu einem erfolgreichen Ende zu kommen.

Der Handel

Wer von dem Mining jetzt abgeschreckt wurde, dem steht aber der Handel mit den Kryptowährungen offen. Auch dies ist ein Investment in eine Blockchain, denn man stützt den damit verbunden Coin als Belohnung für die Miner.

Der Handel mit digitalen Coins wird besonders im Hinblick auf die Kursschwankungen sehr attraktiv. So kann eine Währung auch schon einmal binnen eines Tages ihren Wert um 10, ja auch sogar um bis zu 20 Prozent ändern. Das lohnt sich für den gewieften Spekulanten.

Wenn man es dabei gerade auf die Kursschwankungen anlegt, dann ist auch das Risiko, ein totales Minus einzustecken, eher gering. Man erwirtschaftet permanent Gewinne und hält die einzelnen Währungen nur für kurze Zeit. Man wird also nur dann böse erwischt, wenn man zu viel Geld in eine Währung gesteckt hat und diese auch genau dann abstürzt. Daher heißt die Sicherheit hier Diversifikation. Man muss einfach sein Geld streuen.

Die Anlage

Wer nun nicht unbedingt jeden Tag die Kurse überprüfen möchte, der kann sich auch für eine längerfristige Anlage erscheinen. Hier legt man entweder einen größeren Betrag auf einmal oder regelmäßig einen kleineren Betrag an. Schon 10 € monatlich über einen längeren Zeitraum können sich so bezahlt machen.

Das gute an den Kryptowährungen ist, dass sie langfristig gesehen stabil nach oben gehen. Kurzfristige Kursschwankungen ignoriert man bei dieser Anlageform einfach und setzt auf die Langzeitwirkung. Wer zum Beispiel 2011 mit dem Bitcoin und 10 € monatlich angefangen hätte, dem würden Anfang 2017 bis zu 73.000 € winken. Bei den anderen Währungen verhält es sich ähnlich. Man muss einfach nur einen entsprechend langen Atem mitbringen. Wichtig ist aber auch hier eine Kenntnis des Marktes und das Streuen des Investments in verschiedene Währungen.

Vermögensabsicherung

Eine Vermögensabsicherung mag nun nicht gerade per se eine Investition darstellen, doch im Gesamtbild ist es eine, zumindest für die Blockchain. Wer sein Vermögen damit absichert, dass er es in eine Kryptowährung transferiert, der führt dieser Währung einen Wert zu. Deren Kurs geht damit nach oben und sie wird für den Markt und deren Teilnehmer immer interessanter. Damit ist die Vermögensabsicherung eine pure Investition in eine Blockchain.

Für den Investor bietet diese Form der Absicherung einige Vorteile. Kryptowährungen sind bis jetzt nicht versteuert und man ist auch gegen Bankenpleiten geschützt. Der Nachteil ist die Angreifbarkeit durch Hacker. Man kann auch daran denken, dass Internetwährungen in der Wallet nicht verzinst werden. Andererseits schafft die Wertsteigerung der Kryptowährungen ihre eigene Form der Verzinsung. Damit gleicht die Vermögensabsicherung der Investitionsform der Anlage.

Funding

Das Funding ist nicht nur die risikoreichste Form, in eine Kryptowährung zu investieren, es ist auch zugleich die purste Form der Investition in eine Blockchain. Das liegt vor allem daran, dass das Funding normalerweise in der Form des ICO durchgeführt wird. Hinter dem Kürzel ICO verbirgt sich nichts anderes als das Initial Coin Offering. Dies bezeichnet das erste Auszahlen der Coins, entweder am Start ihres Handels oder kurz bevor sie auf den Markt geworfen werden.

Das Funding ist die purste Form des Investments in eine Blockchain, weil es der Blockchain bei ihrer Geburt hilft. Wie schon festgestellt, verschlingt der Aufbau einer neuen Blockchain so einiges an Geld. Neben Rechnern braucht dieses Unterfangen Fachleute und Zeit. In dieser Zeit muss alles finanziert werden, bevor noch die ersten Einnahmen ins Haus kommen. Funding bietet nun einen Weg, die benötigten finanziellen Mittel aufzugreifen. Gleichzeitig bringt das Funding einen ersten finanziellen Wert in den Coin und schafft ihm damit ein Sprungbrett in die Welt der echten Währungen.

Das Funding bietet eine Chance auf sehr große Gewinne. Da der Wert der Coins am Anfang der Blockchain sehr gering ist, wird man für seine Investition mit einer großen Menge an Coins belohnt. Diese Coins haben nun die Chance, erheblich im Wert zu steigen. Dem steht aber ein sehr hohes Risiko entgegen. Man kann einer Scheinwährung aufgesessen sein oder die Währung kann einfach auf dem Markt versagen. Dann hat man einfach nur eine Menge unnützer und wertloser Coins in seiner Wallet. Um dem vorzubeugen, muss man sich die Projekte, in die man investieren kann, sehr genau ansehen. Was man braucht ist ein gutes Team mit einer guten Idee und einem guten Plan. Dann besteht auch eine entsprechende Aussicht auf den Erfolg. Hier braucht man jedoch etwas Wissen und Erfahrung. Daher ist das Funding nicht so unbedingt für den Anfänger empfehlenswert. Wer sich jedoch auf ein solches Projekt einlassen will, wird schnell auf einschlägigen Crowdfunding-Seiten fündig. Diese enthalten auch Beschreibungen über das Projekt. Man sollte aber auf jeden Fall vor dem eigentlichen Funding über das Projekt weiterrecherchieren. Dies ist vor allem im Hinblick auf Schein-Coins wichtig. Weiterhin gilt eine kleine Faustregel: Je mehr Währungen bereits auf dem Markt sind, desto schwieriger wird es für eine neue Währung, akzeptiert zu werden. Daher brauchen neue Währungen ein besonders gutes Konzept und eine besonders gute Vision, damit sie überhaupt Anklang finden.

Hat man sich entschieden, in eine Blockchain zu investieren, sollte man auch ein paar allgemeine Regeln zum Investment nicht vergessen. Das Erste und Wichtigste ist, dass eine Investition kein Glücksspiel sein sollte. Bevor man also loslegt, sollte man immer erst überprüfen, ob das, was man tun möchte, auch wirklich Sinn macht. Dazu lohnen sich Recherchen im Internet. Kurz gesagt, wer Handeln will, checkt zuerst die Währung und den Handelsplatz. Wer sich am Funding beteiligen will, checkt das Projekt. Wer sein Geld anlegen will, der überprüft die Vergangenheit der Währung. Wer minen will, kalkuliert, ob es sich wirklich lohnt. Wer eine neue Währung herausbringen will, überprüft, ob ein derartiges Konzept vielleicht schon existiert und ob es erfolgversprechend ist.

Gleichzeitig verlassen sich nur ausgesprochen unerfahrene Investoren und unausgesprochene Glückspilze auf nur ein Investment. Anstatt also alles Geld in ein Projekt zu stecken und zu beten, sollte man sich einfach ein breites Portfolio zulegen. Es ist besser, in viele Projekte jeweils nur ein wenig Geld zu stecken, anstatt in nur ein Projekt sehr viel. So können die erfolgreichen Projekte die Verluste der weniger erfolgreichen ausgleichen. Da Kryptowährungen extrem erfolgreich sind, reicht oftmals eine kleine Investition in einen Sieger, um richtig abzusahnen. Daher sollte man sich nicht scheuen, in sehr viele Projekte oder Währungen zu gehen.

Das Potential

Die Blockchains halten für die Zukunft noch so einiges bereit. Neben den Entwicklungen innerhalb der Blockchains betrifft das auch mögliche neue Geschäftsmodelle.

<u>Kontrolle</u>

Dank der Transparenz haben Blockhains neue Möglichkeiten der Authentifizierung. Dies verringert die üblichen Risiken in der Cyberwelt, denn man kann immer nachverfolgen, was von wem kam. Gleichzeitig kann sichergestellt werden, dass nur die wirklich erlaubten Nutzer auf ein Angebot zugreifen.

Für die Mietwagenbranche eröffnen sich ebenfalls eine Menge Möglichkeiten. Der Gebrauch und Standort der Fahrzeuge kann überwacht werden. Dazu kommen die Einteilung der Fahrer in Risikogruppen mit dem entsprechend angepassten Mietpreis.

Das eigene Heim kann vernetzt werden. Kühlschränke können selbstständig Waren bestellen und bezahlen. Das Haus kann mit der Umgebung interagieren. Die Heizung wird den Umständen angepasst. Heiz- und Stromkosten werden automatisch beglichen.

Unternehmen, besonders kleinere davon, können ihre eigenen dezentralen Handlungsplattformen sein. Besser noch. Sie können auch nach dem Verkauf nachverfolgen, was mit der digitalen Ware geschieht. Somit können Vereinbarungen besser überprüft werden und wenn nötig kann auch Unterstützung nach dem Verkauf geleistet werden.

Kriminalität

Internetkriminalität wäre leichter nachzuvollziehen. Das erlaubt nicht nur das Finden und Bestrafen der Täter, es erlaubt auch noch, dies kostengünstiger zu tun. Die Blockchain erlaubt es schließlich auch noch nach Jahren, festzustellen, welche Tat von wo aus begangen wurde.

Kinder werden besser geschützt. Eltern können das Internetverhalten ihrer Kinder einfacher nachverfolgen und können so erkennen, ob nicht bestimmte Tätergruppen versuchen, mit ihnen Kontakt aufzunehmen. Eine solcher Versuch kann auch zu einem automatischen Alarm führen.

Der Banksektor

Blockchains machen nicht nur das Transferieren von Währungen schneller und einfacher möglich. Sie machen auch eine Menge der heutigen Infrastruktur überflüssig. Damit können Banken ihre Arbeit kostengünstiger erledigen und sich auf ihr Kerngeschäft stützen. Zentralbanken würden an Bedeutung verlieren und am Ende sogar überflüssig werden.

Bankenprogramme, die eine Menge Kosten bringen und entsprechender Schulungen bedürfen, können reduziert werden. Anstelle von komplizierten Buchhaltungen tritt die Transparenz der Blockchain, die bis an die Entstehung der Blockchain zurückreicht.

Unternehmen

Unternehmen erlaubt die Blockchain, ihre eigene Buchhaltung zu verringern. Die gesamte Blockchain kann zur Buchhaltung des Unternehmens werden. Gleichzeitig erlauben es die gespeicherten Transaktionen, sehr schnell einen Jahresabschluss zu erstellen. Selbst die Steuererklärung kann damit automatisch erstellt werden.

Neue Geschäftsmodelle werden durch die dezentralisierte Welt ermöglicht. So wie das Internet eine Revolution für die Unternehmen brachte, hält auch die Blockchain das Potential für eine Revolution bereit. Neben dezentralen Märkten und länderübergreifenden Geschäften bringt gerade die direkte Interaktion zwischen den einzelnen Kunden und dem Händler ihr eigenes Potential. Die Welt wird damit immer kleiner und die Geschwindigkeit der Interaktion nimmt dabei beständig zu.

Regierungen

Die Staaten erhalten die Möglichkeit, die Steuern automatisch und zentral zu erheben. Das verhindert nicht nur Steuerflucht, es erhöht auch die Akzeptanz. Wer seine Steuern einfacher verstehen kann, ist auch eher bereit, diese zu bezahlen.

Da die Steuern automatisch erhoben werden können, sinkt auch der Verwaltungsaufwand. Die Behörden können damit verkleinert werden. Sinkende Kosten bedeuten sinkende Steuern. Sinkende

Steuern bedeuten eine erhöhte Bereitschaft, diese ehrlich zu bezahlen.

Gleichzeitig erlauben derartige automatische Abwicklungen eine höhere Transparenz. Der Steuerzahler würde wissen, was mit seinen Steuern geschieht.

Blockhains erlauben eine einfachere Abwicklung von Wahlen. Das spart ebenfalls erheblich bei den Kosten. Dazu kommt aber auch, dass es bei einfacheren Abstimmungen leichter ist, das Volk zu befragen. Die Demokratie könnte wieder zurück zur Basis gebracht werden, indem die Bürger sich mit Volksentscheiden mehr an der Zukunft ihres Landes beteiligen können.

Das Grundbuch könnte überflüssig werden. Transparente und unveränderliche Transaktionen erlauben das Überschreiben von Grundstücken schnell und fälschungssicher. So möchte zum Beispiel Honduras sein Grundbuch abschaffen und auf eine Blockchain umstellen. Das soll nicht nur die Sicherheit beim Grundstückshandel als solches erhöhen, sondern auch gleichzeitig der Korruption einen Riegel vorschieben.

Fazit

Dank der Blockchain stehen große Umwälzungen bevor. Diese betreffen den Bereich der IT, der Wirtschaft aber auch der Politik. Wie diese Umwälzungen im Einzelnen aussehen, das lässt sich heute noch nicht absehen. Nicht alle Ideen von heute werden die Gründerzeit überstehen. Andererseits fehlt einfach noch die Erfahrung, um alle Möglichkeiten der Zukunft vorherzusagen.

Was die Blockchain aber definitiv bringt, ist eine neue Form der Datensicherheit. Diese kommt von der Genehmigung der Blocks, dem dezentralen Netzwerk und dem Konsensprinzip.

Bisherige Systeme müssen sich auf die bevorstehenden Umwälzungen vorbereiten. Banken und vor allem Zentralbanken werden in Bedrängnis geraten. Überweisungsdienste, wie Western Union, könnten vor ihrem Ende stehen, verlangen sie doch bis zu 10 Prozent als Gebühr für die Überweisungen.

Die Blockchains bedrohen aber nicht einfach nur die alten Systeme. Sie bringen auch jede Menge Chancen für die Zukunft. Musikplattformen, App-Stores und Ähnliches werden damit neue Möglichkeiten aber auch neue Konkurrenz bekommen. Der Patent- und Markenschutz wird dabei gleichzeitig erheblich verbessert.

Die Banken werden nicht unbedingt in ihrer Gänze überflüssig, doch sie werden sich verschlanken und sich auf ihr Kerngeschäft konzentrieren.

Wahlen werden ebenfalls verändert. Sie werden einfacher für die Staaten und die Wähler werden. Gleichzeitig lassen sich erheblich Kosten dabei einsparen und sie werden fälschungssicher.

Bei all dem muss man aber bedenken, dass sich die Blockchains im Beta-Stadium befinden. Sie müssen sich erst noch entwickeln. Gleichzeitig müssen die Währungen sich mit der Zeit bewähren. Dies gilt auch im Hinblick auf Geldwäsche. Hier bringt die Anonymität doch so einige Nachteile. Es bleibt also abzuwarten, wie genau die Entwicklungen ausfallen werden.

Wer sich aber jetzt schon an einer Blockchain beteiligen will, liegt damit nicht falsch. Das Potential für Gewinne ist noch immer sehr hoch. Dabei muss man aber sehr genau abwägen, auf welche Art man sich beteiligen möchte.

Das Mining ist für kleine Währungen noch immer lukrativ. Für große Währungen dagegen ist der Aufwand so groß, dass es dem Neueinsteiger kaum gelingen wird, sich gegen die anderen Cloudminer durchzusetzen. Die Kosten für einen Cloudminer sind derzeit jedoch so hoch, dass es sich auch hier kaum lohnt, einen zu mieten. Daher, wer sich auf das Mining verlegen möchte, der sollte sich damit auf kleinere Währungen beschränken.

Der Handel ist für alle Arten von Währungen denkbar, solange es sich nicht um Schein-Coins handelt. Hier hilft nur, dass man den Markt für eine Weile beobachtet. Den Handel selbst kann man auf verschiedene Weisen abwickeln. Das reicht von den Währungshandelsplätzen über den simplen Währungstausch bis hin zum Handel direkt mit dem Eigentümer der Coins. Welchen Weg man auch beschreitet, ein jeder davon birgt sein eigenes Risiko. Dafür aber hat man bei den teils sehr starken Kursschwankungen eine Menge Potential für einen Gewinn.

Funding-Projekte können sich als lukrativ erweisen. Sie sind aber mit Vorsicht zu genießen. Nicht nur ist es sehr schwer, jetzt noch eine neue Währung zu starten, oftmals verbergen sich auch Schein-Coins und Schwindler hinter solchen Projekten. Funding ist auch vor allem deswegen so gefährlich, weil man mit den Coins nur ein Konzept erwirbt. Dieses aber muss sich erst noch in eine Währung verwandeln und dann auch noch einen ordentlichen Wert erreichen.

Was sich neben dem Handel am meisten bewährt ist die Anlage. Diese überlebt auch kurzfristige Währungsschwankungen. Sie ist im Grunde genommen mit dem Anlegen des Geldes in Gold zu vergleichen. Der Goldpreis mag auf und ab gehen, doch das gilt nur für eine kurzfristige Betrachtung. Wer den Kurs über einen längeren Zeitraum verfolgt, entdeckt schnell, dass es insgesamt nur nach oben geht. Dies aber gilt nur für die erfolgreichen Währungen. Daher sollten nur bereits etablierte Währungen als Anlageobjekte genutzt werden. Wichtig ist aber, dass man einen langen Atem mitbringt. Anlagen sind nichts für kurzfristige Gewinne. Sie leben nur von der Dauer. Hier braucht man auch ein Gespür, wann man die Währung wiederverkauft. Niemand möchte einen Verlust machen.

Wer aber die Blockchains nutzt, der muss auch auf seine Sicherheit achten. So wie Taschendiebe das Bargeld bedrohen, so gibt es auch im Internet eine Menge Gefahren für das digitale Geld. Als Erstes sollte man ein Augenmerk auf die normale Internetsicherheit haben. Das bedeutet, man braucht die üblichen Programme gegen Viren und gegen Hacker, sprich eine Firewall. Man muss aber auch darüber hinaus darauf achten, dass niemand an den privaten Schlüssel für die Wallet gelangt. Es gibt aber keine Bank. Daher ist es nun sehr wichtig, dass man den privaten Schlüssel nicht verliert, denn sonst ist das liebe Geld verschwunden.

Hat man die Sicherheit im Sinn und geht man etwas vorsichtig vor, dann kann man sich an die Erforschung der Blockchains machen. Die eigene Erfahrung ist doch immer noch die Beste.

Ein Blick auf die Miner hilft dabei auch, sich gegenüber einer 51%-Attacke abzusichern. Diese ist nämlich nur wirklich gefährlich, wenn an von ihr überrascht wird. Oftmals wird vor ihr gewarnt. Viele erzittern bei dem Gedanken. Da sie sich aber schon lange vorher abzeichnet, kann man sich einfach der Währung entziehen, bevor es einen erwischt. Es ist einfach wie immer im Leben: Man muss wachsam sein. Nur man selbst trägt die Verantwortung für sich.

Die Blockchains sind noch neu, doch sie werden nicht mehr verschwinden. Sie werden viele grandiose neue Modelle bringen, von denen die meisten auch bald wieder weg sind. Man muss sich nur an den Internet-Hype erinnern. Eine Menge Startups hatten einen kurzen Weg in die Pleite. Dennoch existiert das Internet und es wächst und gedeiht. Ständig entwickeln sich neue Geschäftsmodelle und bilden sich neue Unternehmen. Diese Entwicklung wird auch in den Blockchains vorangehen. Es bleibt einfach interessant zu sehen, welchen Weg sie genau nehmen werden.

www.ingramcontent.com/pod-product-compliance
Lightning Source LLC
LaVergne TN
LVHW052310060326
832902LV00021B/3813